ハヤカワ・ミステリ文庫

〈HM(167)-4〉

海外ミステリ・ハンドブック

早川書房編集部・編

早川書房

7624

MYSTERY HANDBOOK

edited by

Hayakawa Publishing, Inc.

カバー・本文デザイン／森　ヒカリ

はじめに

海外ミステリを初めて読んだ時の楽しさ、興奮、感動、涙——

たくさんの娯楽が増え、そのうちの一つである読書にしてもたくさんのジャンルがある中で、「海外ミステリには他にはないどのようなおもしろさがあるのでしょうか？」

そうした質問への答えとなるようにとの想いで、本書を作りました。

作家は海外ミステリを読んで創作の刺激を受け、翻訳家は先達の訳業に感銘に受け、書評家はおもしろい作品を読んでもらいたいと紹介をし、編集者は読者のみなさんに喜んでいただこうと編集をする。大きく言えば、そういう人生を選んでいます。

読んだ人の心や人生を動かすこともある、海外ミステリ。読者の、あるいはこれから読者になるであろうみなさんに、そんな一冊に出逢っていただけることを願っています。

そのきっかけにしてもらうべく、10のカテゴリーに分けた100冊と7本の作家論を収録しました。書き手が推す作品・作家の中に、あなたにぴったりの一冊がありますように。

（早川書房編集部）

目次

MYSTERY HANDBOOK

MYSTERY
HAND
BOOK

海外ミステリ
ハンドブック

早川書房編集部［編］

早川書房

推理に淫したミステリ

有栖川有栖（作家）

［著者略歴］
1989年『月光ゲーム』でデビュー。『マレー鉄道の謎』（2002年）で日本推理作家協会賞、『女王国の城』（2007年）で本格ミステリ大賞を受賞。

事件・謎
×
（捜査＋推理）
＝
真相

ミステリの核はこれである。割って答えを小さくするのではなく、掛けて大きくするのがミソ。この式について詳しく説明するには原稿用紙百枚ほどかかりそうだが、高等数学でもないからおおよその意味は一見してご理解いただけるだろう（謎が明示されないまま物語が進むタイプの作品の解釈はここでは略す）。

私は推理小説という呼称が大好きで、あまりに好きだから中学生の頃は誤解をしていた。推理をしっかり描いてこそミステリなのだから、すべからくエラリイ・クイーンのように精緻な推理を描くべし、と信じていたのだ。しかし、解決篇の前に〈読者への挑戦〉を掲げるクイーンの作風はかなり特異であり、あのようなタイプの作品はめったにない。それでも自分の視野・嗜好・趣味の狭さ（！）を誇りがちだった当時の私は、「真に推理作家と呼べるのはクイーンだけだな」と思っていた。

実際のミステリはもっと幅が広く、捜査の面白さを追求した作品も多い。また、ヒロイックな名探偵は不在でリアリズムを標榜する作品の捜査員にしても推理を巡らしながら動き回るのだし、推理する探偵の代表たるエラリイだって作中では色々と捜査〈証拠探しや尋問〉をしている。推理だけでミステリができているわけではない。

作家がめざすべきは、真相の最大値化。事件・謎をとことん魅力的にしてもよいし、そちらは平凡であっても推理あるいは捜査でポイントを稼ぐ手もある。掛け算だからどう書いても面白くなるかというと、そんなはずもなく、いずれかの要素が小数点以下の場合の真相の値は惨憺たるものになるだろう。

ミステリらしいサスペンスやサプライズは、結果・効果だから構成要素ではない。サスペンスは事件・謎、推理、捜査に付随して発生し、サプライズは真相がある水準に達した時に放つ光、あるいは熱だと考える。「とにかくサスペンスを」「読者をあっと驚かせたい」を目標にする書き手もいるが、それは筆法であって、やはり事件・謎、推理、捜査を描かなくてはならない。

基本的に推理に力点を置いたものが本格ミステリで、捜査のウェイトが重いのが警察小説やハードボイルドということになるが、捜査にも推理にもたっぷり創意を盛れば、本格にして警察小説・ハードボイルドという作品ができ上がる。F・W・クロフツ、ロス・マクドナルド、ジェフリー・ディーヴァーらに好例あり。

捜査に焦点を絞り込んでいくと、次第にミステリの枠からはみ出していき、疑似ノンフィクションのようになったり、刑事を主人公にしたお仕事小説になったりすることもあるだろう。そんな場合は、出版社としては「ミステリと銘打たない方が広範な読者を獲得できるのでは」と思うかもしれない。

その反対に推理に特化したら、エラリイ・クイーンのようないわゆるガチガチの本格ミステリになるのだが、クイーンが筆頭にくるとも限らない。前述のとおりエラリイだってあれこれ捜査をするからだ。

探偵役が捜査をいっさいせずに事件を解決する推理に淫したミステリ。それは、探偵役が事件について聞いただけで謎を解いてしまう安楽椅子探偵《アームチェア・ディテクティヴ》ものである。ハヤカワ・ミステリ文庫からサンプルを挙げると、たとえば――

若い刑事のデイビッドが、嫁姑と一緒の夕食の席で気まずい雰囲気をごまかすため捜査中の事件を話題にすると、それだけでママが鮮やかに真相を見抜いてしまうジェイムズ・ヤッフェの短篇集『ママは何でも知っている』。ママは椅子に座ったままだが、警察の捜査状況について息子に質問するので、それが最少の捜査と言えなくもない。

ジョセフィン・テイの『時の娘』では、足の骨折で入院したグラント警部が「悪名高いリチャード三世は本当に塔の王子たちを殺害したのか？」という疑問を抱き、歴史を覆す推理を見せる。安楽椅子ならぬ寝台探偵《ベッド・ディテクティヴ》もの。ベッドに寝たままの推理で、文献などを通して史実に当たるところがかろうじて捜査だ。

ハリイ・ケメルマンの『九マイルは遠すぎる』（同題短篇集の表題作）は、通りすがりの人物がもらした「九マイルもの道を歩くのは容易ではない……」という言葉の意味を解き明かす。無限の可能性から解答を絞るため、少しだけ恣意的なルールを設定して地図を見たりもするが、捜査はゼロ。推理の比率をＭＡＸにしたミステリの中でも、捜査の排除（捜査の不可能性）が徹底している。

推理小説の呼称を愛する私は、推理に淫した安楽椅子探偵《アームチェア・ディテクティヴ》ものが大好物なのだが、何冊も続けて読むと捜査を描いた小説が恋しくなってくる。捜査と推理。そのどちらかの比重を高めた作品を交互に、または適度に織り交ぜながら読むのがミステリを永く豊かに楽しむ要諦かもしれない。

マイ・フェイバリット・ミステリ

皆川博子（作家）

［著者略歴］
1972年『海と十字架』でデビュー。『壁 旅芝居殺人事件』（1984年）で日本推理作家協会賞、『開かせていただき光栄です』（2011年）で本格ミステリ大賞を受賞。

ハヤカワ・ポケット・ミステリの刊行が始まった一九五三年が、私の海外ミステリ元年です。

子供の頃、世界大衆文学全集でシャーロック・ホームズとルコック探偵、日本大衆文学全集で乱歩や小酒井不木を読みましたが、取り立てて好きというわけではなく、沢山の面白い物語の一つでした。

ポケミスで、クイーン、クリスティ、カー、ブランドなど黄金期の本格ミステリ作品に何の予備知識もなく触れ、虜《とりこ》になりました。魅力の最大のポイントは、〈驚き〉でした。犯人の意外性。密室。不可能犯罪。不可解な消失。童謡の見立て殺人。孤島に集められた全員が次々に死亡。叙述トリック。木は森の中に隠せ。今ではヴァリエーションが数多《あまた》あり、それらを先に読んでから原型となる作品を読んでも新鮮な驚きは得られないでしょうが、原型を創始した先達の偉大さは不変だと思います。

『そして誰もいなくなった』を初めて読んだときの、わくわくした読み心地は、忘れられません。初めに、島に集まる人々それぞれの行動や内面が短い文で並べられるという形式も、踏襲した後続作が多かったと思います。

探偵は犯人の目星がついているのだが、決定的な証拠がない。わざと別人を犯人と名指し真犯人が名乗り出ざるを得なくする、あるいは、罠を仕掛け犯人が引っかかるのを待つ、という形式も、黄金期に原型があると記憶します。

探偵役が、最後に関係者を集め真犯人を名指すスタイルとは別の作風ですが、ボアロー＝ナルスジャックが好きでした。『悪魔のような女』とヒッチコックが映画化した『死者の中から』（映画のタイトルは《めまい》）が有名ですね。私は『呪い』に惹かれました。手もとに本がないのでうろ覚えですけれど、登場人物はわずか四人だったと思います——ボアロー＝ナルスジャックの作品は、どれも必要最低限の登場人物で最大限の効果を上げています――。

往診の依頼を受けた獣医が、初めての患家を訪れます。潮が満ちると小径が水中に没し本土と往来できなくなる島。依頼人であるアフリカ帰りの奇妙な雰囲気を持った女性が飼っているのは、並のペットではない、猛獣のチーター。女に惹かれていく獣医。女はアフリカの呪術を身につけているらしい。彼の妻が不可解な災難に遭うようになります。女の仕業と思えるのですが、満ち潮で島は隔離されている。妻の災難は偶然の事故なのか、女の呪いによるものか。妻は日増しに衰弱し、死に瀕します。

〈自分の形をした温かな窪みで眠る鳥たちを包む夜のように、私は彼女を抱きしめたが無駄であった。〉これは、マンディアルグが絶賛したマルセル・ベアリュの『水蜘蛛』の一節ですが、『呪い』の中に紛れ込んでも違和感がありません。ボアロー＝ナルスジャックの文章はそれほどきれいです。どちらも、男は妻を愛しているにもかかわらず、妖気漂う女（一方は水蜘蛛が次第に女に化すのですが）に惑わされます。『水蜘蛛』は怪異のままで終わりますが、『呪い』は解明されます。緻密な筆致と精緻な心理描写で静かに恐怖感を盛り上げていき、トリッキーな手法ですべてを反転させるボアロー＝ナルスジャックは、連城三紀彦さんに通じるところがあると感じます。

好きといっても、何十年も昔に読んだきりなので内容もタイトルも忘れてしまい、読み返したくても絶版という作が多くて哀しいのですが、幾つかの場面は強く記憶に残っています。主人公の父親は奇術団だかサーカスだかの主宰者で、主人公は学校の寄宿舎に入っていた。父親が死んだので、後を引き継ぐことになった。機械人形のようなぎくしゃくした歩き方を、主人公が狂気じみた熱意で練習する。この練習の場面だけが記憶に鮮烈です。本書の読者や寄稿者の中には、ミステリの生き字引みたいな方々がおられますね。タイトルがおわかりでしたら、教えていただけないでしょうか。

『私のすべては一人の男』は、これも記憶が不確かなのですが、事故で重傷を負った七人の患者に移植手術が行われる。必要な部分を供給するのは、処刑されたばかりの死刑囚の躰。手術は成功したものの、やがて七人は相次いで自殺するようになり……ホラーのようですが、最後に合理的に解明される、という話でした、たぶん。ボアロー＝ナルスジャックの作品は概ねハイブロウで少し暗い雰囲気を持っていますが、『私のすべて……』は異色でした。最後、どのように解明されたのか、肝心なところをおぼえていません。再読すると肩透かしかもしれませんが、気になっています。

【初出《ミステリマガジン》二〇一五年七月号】

海外ミステリ ブックガイド

Guidebook 100

執筆者一覧

池上冬樹（文芸評論家）
越前敏弥（翻訳家）
大矢博子（書評家）
加賀山卓朗（翻訳家）
上條ひろみ（翻訳家）
北上次郎（文芸評論家）
北原尚彦（作家）
公手成幸（翻訳家）
小池啓介（書評ライター）
酒井貞道（書評家）
笹川吉晴（文芸評論家）
霜月蒼（ミステリ研究家）
末國善己（文芸評論家）
杉江松恋（ミステリ評論家）
数藤康雄（評論家）
諏訪部浩一（東京大学准教授）
関口苑生（評論家）
芹澤恵（翻訳家）
千街晶之（ミステリ評論家）
高野優（翻訳家）
田口俊樹（翻訳家）
千野帽子（エッセイスト）
中谷友紀子（翻訳家）
野崎六助（作家）
延原泰子（翻訳家）
羽田詩津子（翻訳家）
東野さやか（翻訳家）
平岡敦（フランス語翻訳家）
古沢嘉通（翻訳家）
古山裕樹（書評家）

ヘレンハルメ美穂（翻訳家）
穂井田直美（ミステリ書評家）
松木孝（編集者）
マライ・メントライン（ドイツ語翻訳・エッセイスト）
三角和代（翻訳家）
三橋曉（ミステリ・コラムニスト）
宮脇孝雄（翻訳家）
村上貴史（ミステリ書評家）
村松潔（翻訳家）
山本やよい（翻訳家）
横井司（ミステリ評論家）
横山啓明（翻訳家）
若林踏（ライター）
和爾桃子（翻訳家）
他・イニシャルは編集部
〔五十音順／敬称略〕

〔ブックガイド内の表記について〕
ＭＷＡはアメリカ探偵作家クラブ、
ＣＷＡは英国推理作家協会をあらわします。
※左下情報欄の記述は編集部によるものです。

〔個性豊か〕

キャラ立ちミステリ

CHARACTER

《SHERLOCK》ファン必見。
クール、エキセントリック、エネルギッシュ?
とにかく個性が際立つ登場人物たちに、
驚愕まちがいなしです。

『シャーロック・ホームズの冒険〔新版〕』上下

アーサー・コナン・ドイル

大久保康雄／訳

The Adventures of Sherlock Holmes, 1892

ハヤカワ・ミステリ文庫

世界一有名な探偵、シャーロック・ホームズ。彼の活躍する最初の二作は『緋色の研究』（一八八七年）、『四つの署名』（一八九〇年）と長篇の形で書かれた。だが爆発的な大人気を博すようになったのは、一八九一年に連作シリーズが《ストランド・マガジン》誌上で連載スタートしてからだ。本書は、その第一短篇集に相当する。〝あの女性〟

が登場する「ボヘミア国王の醜聞」、密室殺人の有名作「まだらの紐」、トリックの代名詞にまでなった「赤毛連盟」、クリスマス・ミステリ「青いガーネット」など、名作の誉れ高い作品が多く収録されている。それゆえ「シャーロック・ホームズを読んだことがないけど、どれから読めばいいか」という方には、本書をオススメすることにしている。児童書で読んだきり、という方も是非改めて読んで欲しい。きっと新しい発見、新しい楽しみが見つかると思う。

本シリーズは、ヴィクトリア朝ロンドンという背景など、魅力となるポイントは多々あるが、中でもシャーロック・ホームズ&ワトスン博士というコンビの〝キャラクター性〟は、人気の大きな要因だ。天才にして奇人の探偵、シャーロック・ホームズ。誠実かつ知的で、それでいて体力的に頼りになる相棒、ワトスン博士。彼らが互いに信頼しあって謎を解明するのだが、この二人こそ史上最も成功したバディ物と言っても過言ではあるまい。またハドスン夫人、レストレード警部、兄マイクロフト・ホームズなど、魅力的な脇役たちも忘れてはいけない。本シリーズが百数十年経っても読まれ続けているのは、歴史的価値ゆえのみではないのだ。

BBCドラマ《SHERLOCK》やガイ・リッチー監督映画《シャーロック・ホームズ》からホームズに興味を抱いた方も、本書を読めば、より楽しめるはずだ。（北原尚彦）

【新潮文庫、創元推理文庫、光文社文庫からは『シャーロック・ホームズの冒険』のタイトルで刊行】

『レッド・ドラゴン〔決定版〕』上下

トマス・ハリス
小倉多加志／訳
Red Dragon, 1981
ハヤカワ文庫NV

ミステリに〝安楽椅子探偵《アームチェア・ディテクティブ》〟というジャンルがある。犯行現場に直接行かず、人伝に聞いた情報から推理して事件を解決する探偵で、古くはオルツィの〝隅の老人〟から、クリスティのミス・マープル、スタウトのネロ・ウルフなどがいる。そこに、当の犯人より凶暴なキャラクターを仲間入りさせたらどうなるだろう——作者トマス・ハリスがそんな

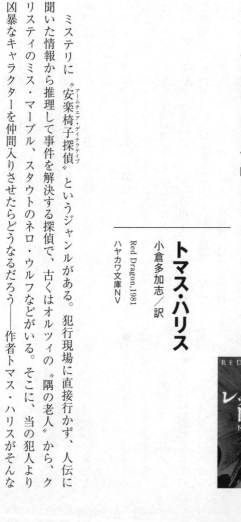

ことを考えたかどうかはわからない。しかし、『レッド・ドラゴン』で彼が世に送り出した異色の〝探偵〟ハンニバル・レクター博士は、大ベストセラーの次作『羊たちの沈黙』を経て、二十世紀のエンターテインメント界を代表するアンチヒーローへと成長した。類まれな知性、感覚、洞察力を持ち、古今東西の学問につうじ、すぐれた芸術家にして美食家の精神科医。だが同時に、残忍な連続殺人鬼であり、殺めた相手を食ってしまう〝人喰いハンニバル〟。『レッド・ドラゴン』でレクター博士は、FBIのグレアムに逮捕されて精神障害犯罪者のための病院に収容されている。出番こそ少ないものの、看護婦の舌を噛みちぎったエピソードも含めて、存在感は圧倒的だ。だからこそ『羊たちの沈黙』でクラリス・スターリングという新しいパートナーを得て、ミステリ史上燦然と輝く（邪悪な）足跡を残すことになるのだろう。一時業界を席巻したサイコ・ブームに大きな影響を与えたのも周知のとおりだ。

『レッド・ドラゴン』では、犯人像もひときわ丹念に描かれている。この作品の主役はレクターではなく、この〝赤き竜〟だ。FBIのグレアムや上司のクロフォード、タブロイド紙の記者ラウンズもあざやかな印象を放つ。謎解きも含めたミステリとしての完成度は、シリーズ中随一である。

（加賀山卓朗）

【加賀山卓朗氏による新訳版を早川書房より刊行予定】

28

『ボーン・コレクター』上下

ジェフリー・ディーヴァー
池田真紀子／訳
The Bone Collector, 1997
文春文庫

ニューヨークでタクシーに乗った男女が拉致され、男のほうは生き埋めにされて死亡、女は行方不明になった。ニューヨーク市警は、元市警中央科学捜査部長で、事故で四肢麻痺の身となったため引退しているリンカーン・ライムに協力を求めた。自分では動けないライムは、代わりに現場で鑑識を担当してくれる助手として、巡査のアメリア・サックス

を指名する。「世界一の犯罪学者」と謳われるライム率いるチームと、狡猾にして残忍を極める猟奇殺人犯「ボーン・コレクター」の対決の結末は?

自分では事件の現場を訪れることなく、情報だけをもとに真相に到達する探偵を「安《アーム》楽椅子探偵《チェア・ディテクティヴ》」と呼ぶ。リンカーン・ライムは、現代ミステリに登場する最高の安楽椅子探偵だ。科学捜査のプロ中のプロであり、しかも犯罪心理に精通しているため、犯人のメッセージを的確に解読することが出来るのだ。事故で身体の自由を失った後も、市警内での信頼は揺るぎないものがあり、そのため彼に協力してくれる人材にも事欠かない。当初、助手に選ばれたサックスは、ライムの気難しさや非情とすら感じられる冷徹さに反撥していたが、やがて彼のやり方を学び、良きパートナーとなってゆくのだ。一時は境遇を悲観し自殺を考えていたライムが、犯人との知恵比べに生き甲斐を見出し、名探偵として復活を遂げる過程にも注目してほしい。

著者のジェフリー・ディーヴァー(一九五〇〜)はアメリカの作家。ライムが登場する長篇は第十一作『ゴースト・スナイパー』までが邦訳されており、いずれも最先端知識に基づく捜査の妙味と、ライムと天才犯罪者の頭脳戦が堪能できる。黄金期本格における名探偵と名犯人の対決の妙味を、現代的にアップデートした作家がディーヴァーなのだ。ライムとサックスの関係の変化も、長期シリーズならではの読みどころだ。(千街晶之)

30

『怪盗紳士ルパン』

モーリス・ルブラン
平岡敦／訳
Arsène Lupin, Gentleman-Cambrioleur, 1907
ハヤカワ・ミステリ文庫

名探偵の代名詞がシャーロック・ホームズなら、怪盗の代名詞として今日まで読み継がれているアルセーヌ・ルパン・シリーズの歴史的な第一作である。ルパンは本書の冒頭に掲げられた短篇「アルセーヌ・ルパンの逮捕」で、初めて読者の前に登場した。舞台はフランスからアメリカにむかう豪華客船プロヴァンス号。そこにルパンが乗っているという

一報が入り、乗客たちは戦々恐々とする。なにしろルパンはただの泥棒ではない。「その武勇の数々が、数カ月前から新聞の紙上をにぎわしている謎の人物」「芸術家肌の紳士で、狙いをつける先は貴族の城館や金持ちのサロンと決まっている」というのだ。

この魅力的なキャラクターに読者は熱狂し、次々に続篇が書かれることになった。逮捕されたルパンが、刑務所に入ったまま城館の美術品を盗み出すという離れ業をやってのける「獄中のアルセーヌ・ルパン」、ルパンを恐れる人々の心理を巧みに利用して脱獄を果たす「アルセーヌ・ルパンの脱獄」と、連作としても巧みに構成されている。

ほかにも、怪盗ルパン誕生の秘密を明かす「王妃の首飾り」や、語り手としてところどころに登場する「わたし」とルパンが知り合うきっかけとなった事件「ハートの7」、ルパン唯一の失敗談「アンベール夫人の金庫」などバラエティーに富んだ短篇が並んでいて、これからルパン・シリーズを読み始めようという読者にとっては格好の入口になるだろう。終尾を飾る「遅かりしシャーロック・ホームズ」では、タイトルどおりあのホームズとの対決が描かれるが、ここではまだ二人はちらりと顔を合わせるだけ。しかし最後にホームズがつぶやく言葉どおり（「きっとアルセーヌ・ルパンとシャーロック・ホームズは、いつかまた再会するでしょう……そう、世界は狭いですから」）、両雄は続く『ルパン対ホームズ』でがっぷり四つに組んだ闘いを繰り広げることになる。

（平岡敦）

『シュロック・ホームズの冒険』

ロバート・L・フィッシュ
深町眞理子・他／訳
The Incredible Schlock Homes,1966
ハヤカワ・ミステリ文庫

シャーロック・ホームズのパスティーシュ／パロディは多々あれど、J・D・カー&アドリアン・コナン・ドイル『シャーロック・ホームズの功績』を〝正統派パスティーシュ〟の代表とするならば、その対極にある〝茶化し系パロディ〟の代表はこのシュロック・ホームズ・シリーズで間違いなかろう。茶化していると言っても、決して馬鹿にしてい

るわけではない。原点に関する深い知識と愛情なくしては、書けない作品だ。

元祖シャーロック・ホームズでも「今回はたまたま当たったけど、外れてた可能性もあるんじゃ……」という推理がある。それを極端なまでにカリカチュアライズしたのがシュロック・ホームズだと言える。シュロック・ホームズの場合、訪れた依頼人について推理をすると、大概間違っている。結論は正しくても、途中経過が全く異なっている。

間違っていても、本人は「そういうこともあるさ」と平気の平左。場合によっては、大変な事態を引き起こしても、本人は気付かない。逆に、勘違いによって犯罪を食い止めることもある。そしてそんな彼の推理に感嘆する、素直な相棒ワトニイ博士。

ダジャレが頻出し、翻訳だと分かりにくい場合もあるが、じっくり読めば浮かび上がってくる。例えば「ダブルおばけの秘密」中で言及される〈バスケット・ボールの音〉。これはつまり〈The Sound of the Basketballs〉、要するに〈The Hound of the Baskervilles（バスカヴィル家の犬）〉のもじりなのだ。

ホームズ初心者が読んでも、すれっからしシャーロッキアンが読んでも面白い、パロディのお手本のような作品集である。本書を読んでから「もっと楽しみたいから、元ネタの原題を覚える！」という順番だって、アリだろう。楽しめた方は続篇『シュロック・ホームズの回想』『シュロック・ホームズの迷推理』もあるので、是非。


（北原尚彦）

『サマータイム・ブルース〔新版〕』

サラ・パレツキー
山本やよい／訳
Indemnity Only,1982
ハヤカワ・ミステリ文庫

一九八〇年代のミステリ界に一大ブームを巻きおこした女性探偵物、その火付け役の一つとなったのが、サラ・パレツキーの『サマータイム・ブルース』だった。
小さなころから物語を書くのが趣味だったパレツキーは、保険会社に勤務していた三十歳ごろから、本格的な小説を書きたいと真剣に考えるようになった。ミステリが大好きだ

ったが、女といえば清純無垢な乙女かセクシーな悪女しか登場しないことにうんざりし、いまの時代を生きる等身大のヒロインを描いてみようと決心した。こうして生まれたのがタフで優しい女性探偵、V・I・ウォーショースキーである。

権力に媚びない、信念を曲げない、いったんひきうけた仕事は最後までやり抜く。しかし、家事は手抜きをしたり、請求書の支払いはさぼったりと、だらしない面もあって、三十年前の刊行当時、それが世の女性たちの共感を呼んだものだった。皿洗いはさぼるけれど、生ごみはきちんと捨てるV・I。〝わたしは散らかし屋だが、無精者ではない〟というセリフを訳しながら、わたし自身、思わずにんまりしたのを覚えている。じつは訳者も片づけられないタイプなので……。

V・Iは強い女性、男に頼らない女性、自立した女性。だが同時に、限りない優しさを備えた女性でもある。とくに、子供、老人、動物に優しい。本書でも、父親を殺された孤独な少女ジルの力になろうと奔走している。

サラ・パレツキーのこのシリーズを読みついでいくのは、V・I・ウォーショースキーという良き友とじっくりつきあうことでもある。わたしなども、「うん、そうだよね、V・I」「ちょ、ちょっと、そこまでがんばらなくても……」などとつぶやきながら、シリーズの翻訳を続けている。この友と出会えたことに感謝している。

（山本やよい）

『古い骨』

アーロン・エルキンズ

青木久恵／訳

Old Bones, 1987

ハヤカワ・ミステリ文庫

アーロン・エルキンズの生み出した名探偵、ギデオン・オリヴァー教授ほど日本の本格ミステリファンにとって親しみやすいキャラクターはいないだろう。ワシントン大学の人類学教授であり、白骨の法医学的分析の権威であるオリヴァーは数々の難事件を解決に導いた功績から「スケルトン探偵」と呼ばれている。骨に残ったほんのわずかな痕跡から死

因はおろか、生前の容姿や病歴までぴたりと言い当ててしまう天才ぶりは、古典探偵小説の名探偵たちを彷彿とさせるものだ。かといって教養を鼻にかけるような嫌味さはなく、家族や友人と温かいユーモラスな会話を繰り広げるなど、非常に好感の持てる人物として描かれている。本書はその「スケルトン探偵」シリーズの第四作に当たり、MWA賞最優秀長篇賞に輝いたシリーズの代表作である。

フランスのモン・サン・ミシェル湾の干潟でひとりの老人が溺死する。折しも老人の住む館で親族同士が集まり、ぎすぎすとした人間模様が展開していた。さらに老人の死の数日後、館の地下室から第二次世界大戦中のものらしい人骨が発見される。たまたまフランスを訪れていたオリヴァー教授は人骨の調査に協力するが、新たな事件が起きてしまう。

血族の確執が渦巻く現代の事件と、ナチスも絡んでくる過去の事件、二つの謎をつなげるミッシングリンクをめぐって、オリヴァーの鋭い観察力と分析力が冴える。ワトスン役のFBI捜査官ジョンと、地元警察のジョリ警部との間で繰り返される議論は、まさに謎解きミステリの醍醐味である推理の楽しさを伝えるものだ。舞台が世界各地を転々とする観光小説の側面があるのも同シリーズの特徴であり、本書はモン・サン・ミシェルの美しい風景を活写するだけでなく、土地の特性を活かした仕掛けも用意されている。本格謎解き小説を欲する海外ミステリ初心者に安心して薦められる作品だ。

（若林踏）

38

『解錠師』

スティーヴ・ハミルトン

越前敏弥／訳

The Lock Artist, 2010

ハヤカワ・ミステリ文庫

一九九〇年六月に起きた衝撃的な事件のために、当時八歳だったマイクルは〝奇跡の少年〟と呼ばれるようになり、精神的ショックから口をきくことができなくなってしまった。それから約二十年後、すでに十年近く刑務所で過ごしている彼が、読み手に語りかけるように、それまでの半生を明らかにしていく。

ストーリーは、マイクルが泥棒達と手を組み、若き金庫破りとして全米を渡り歩いた日々と、あの事件の後、伯父に引き取られ、解錠師になるまでの成長の日々が、一人称語りで交互に進んでいく。

『解錠師』は、ユニークな犯罪小説である。大きな特長になっているのが、解錠についての描写である。なかなか知ることの出来ない禁断のテクニックがつまびらかにされるだけではない。錠前や金庫と対峙し、指先に伝わってくる微かな感覚の変化をつかもうと集中するマイクルの心の動きにまで迫り、その息詰まる緊迫感がひしひしと伝わってくる、臨場感あふれる秀逸なサスペンス・ミステリに仕上がっている。

が、それにも増して、瑞々しい青春小説であることを忘れてはいけない。あの事件のために、周囲に対して心を閉ざしたまま成長してきた彼は、高校二年の夏、アメリアとの運命的な出会いを機に、大きく変わっていく。絵に描くことでしか愛する気持ちを伝えることが難しい分、彼女とのおずおずとした交際は、ほほえましくも、じれったくもあるが、思いのたけを表現した漫画風な絵のやりとりは、二人の愛がかぎりなく純である分、読者の心に染みてくるはずである。そして、その力がどんなに大きいものか、ラストの彼の決意に、大きく頷いていただけるだろう。

（穂井田直美）

【アメリカ探偵作家クラブ賞最優秀長篇賞、英国推理作家協会賞スティール・ダガー賞受賞作】

『マルタの鷹〔改訳決定版〕』

ダシール・ハメット

小鷹信光／訳

The Maltese Falcon, 1930

ハヤカワ・ミステリ文庫

ミステリを読んでいて、「こいつは誰だったたっけ？」ともどかしく思いながら巻頭の人物一覧表を何度も見返した経験は誰にでもあるだろう。語り手や死体さえ「犯人」であり得るミステリでは、原理的に全員が容疑者＝重要人物であるため、読者が憶えておかねばならない（憶えられない）キャラクターが、一般の小説よりずっと多く感じられるのだ。

だが、『マルタの鷹』の読者は、そうした「もどかしさ」には無縁である。それどころか、本書に登場する多彩な面々——献身的な秘書、好色な相棒、つきまとう人妻、怪しいゲイ男性、巨体を揺らして笑う敵の親玉、二丁拳銃を振りまわす用心棒、強面の刑事《バッド・コップ》と物わかりのいい刑事《グッド・コップ》、そして「信用ならない依頼人」としてのファム・ファタールなど——は、本を閉じたあとも読者の記憶に長く残ることだろう。

こうした人物達の「キャラ立ち」は、本書にその大きな長所であるスピード感を付与するのだが、さらに重要なのは、それが主人公の「キャラ」を複雑化することだ。彼らの個性はそれぞれサム・スペードという私立探偵との関係において輝き、意味を持つわけだが、それはすなわち、彼らの相手をするスペードがいくつもの——ともすれば互いに矛盾するようにも感じられる——顔を読者に見せるということでもある。財宝は存在するのか、美女との関係はどうなるのか、といった物語の関心は、スペードとはどのような人間なのかという小説最大の「謎」と不可分なのだ。

今日に至るまでスペードがハードボイルド探偵の代名詞であり続けているのは、彼がわかりやすく「タフ」な「ヒーロー」であるからでは決してない。その「素顔」が隠されているがゆえに、スペードはこれほど魅力的なのだ。主人公の「キャラ」を他の人物達との関係性の中に埋めこんだことが、『マルタの鷹』を永遠の名作としたのである。（諏訪部浩一）

42

『女には向かない職業』

P・D・ジェイムズ

小泉喜美子／訳

An Unsuitable Job for a Woman, 1972

ハヤカワ・ミステリ文庫

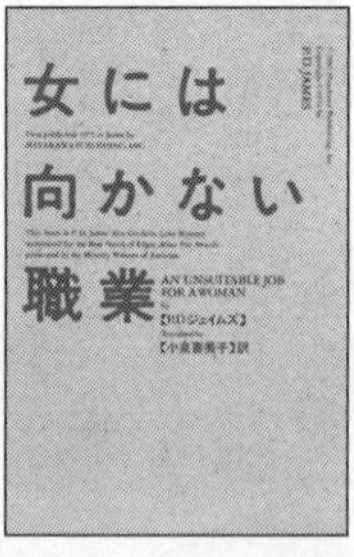

女性の私立探偵が活躍するミステリに、このタイトル。きわめて巧妙である。巧妙なのはタイトルだけではない。

コーデリア・グレイ。共同経営者バーニイが自殺したショックに負けることなく、たった一人で探偵事務所を続けることを決意した二十二歳の女性。経験こそ乏しいけれど、健気にがんばる若いヒロインである。これはもう応援するしかないじゃないか。

母は彼女を産んで間もなく死亡、「アマチュア革命家」の父について住居も学校も転々と変わる生活を送っていた。父がローマで亡くなった後、彼女はイギリスに帰って、バーニイの探偵事務所に就職する。最初は秘書として、やがて共同経営者――探偵として。数奇な過去を背負ったコーデリア。頼れるものもなく困難に直面し、それでも折れることなく立ち向かう。本書に描かれるのは、そんな彼女の成長物語だ。

そこにもう一人、影の主役がいる。アダム・ダルグリッシュ。P・D・ジェイムズのほとんどの作品で探偵役を務める警察官である。コーデリアが亡きバーニイから教えられた捜査法は、彼が警察官だったころの上司、ダルグリッシュのやり方だった。プロフェッショナルとしての彼女を形作る「教義」は、ダルグリッシュのものなのだ。

だからこそ、本書の結末近くの有名な場面――コーデリアとダルグリッシュが遭遇する場面も、バーニイを介した「師弟」の邂逅として、重い意味を持つ。

女探偵の一つの典型となったコーデリアだが、彼女が主役を務める作品はわずか二作。本書と『皮膚の下の頭蓋骨』だけだ。でも、彼女の魅力を堪能するには、せめて一冊、アダム・ダルグリッシュの物語を読んだほうがいいだろう。なぜなら、そこに描かれるダルグリッシュの捜査活動もまた、コーデリアを形作る大切な要素なのだから。

（古山裕樹）

【ダルグリッシュものは、『女の顔を覆え』（1962年）から、『秘密』（2008年）まで長篇15冊】

『ミレニアム』(1〜3)各上下

スティーグ・ラーソン

ヘレンハルメ美穂、岩澤雅利、山田美明／訳

Millennium, 2005〜2007

ハヤカワ・ミステリ文庫

ここ十年のスパンで、最も注目されたミステリはといえば、まず、スティーグ・ラーソンの「ミレニアム」三部作が挙がるにちがいない。処女作でもある『ドラゴン・タトゥーの女』は本格もの、二作目の『火と戯れる女』は警察小説、三作目の『眠れる女と狂卓の騎士』はリーガル・サスペンスと、それぞれが、ミステリのメイン分野に属し、どれも文

句なしの一級エンターテイメントに仕上がっているのだから、広く支持されたのは当然である。更には、作者が急逝したことも話題性として拍車をかけたのかもしれない。この三部作は世界的なブームとなり、加えて日本においては、北欧ミステリ分野を確立した決定打となり、非英語圏ミステリの翻訳出版を促進する原動力になった。

スウェーデンの影の部分を告発するジャーナリストだった作者が、どんな構想を抱いていたのか、もはや窺い知ることは出来ないが、三部作を通して読者に鮮烈な印象を与えているのが、リスベット・サランデルの存在である。小柄で痩せほそり、黒く染めた髪を短く刈り込み、鼻と眉にはピアス、身体のあちこちにはタトゥー、という異彩を放つ外見だけではない。彼女は独自の倫理観を持った天才ハッカーであり、他人を寄せつけず、決して妥協せずタフな生き方を貫く、それまでのヒロインには見られないユニークな個性の持ち主だった。三部作を読み進むうちに、彼女が果たす役割はますます大きくなり、どうしてかたくなに冷酷ともいえる態度をとるようになったのかが明らかになり、併せて、心の奥底に封じ込めていた哀しいまでの彼女の脆さも露わになってくる。

残念ながら、ラーソンの手になるサランデルの新たな活躍をもう読むことは出来ない。しかし、彼女から影響を受けたと思われるヒロインが少なからず登場してきており、彼女達の活躍が、私の詮無い願いの癒しになるのではないだろうか。

（穂井田直美）

【『ミレニアム１　ドラゴン・タトゥーの女』（上下）の原題は、Män som hatar kvinnor】
【『ミレニアム２　火と戯れる女』（上下）の原題は、Flickan som lekte med elden】
【『ミレニアム３　眠れる女と狂卓の騎士』（上下）の原題は、Luftslottet som sprängdes】

〈新発見いっぱい〉

クラシック・ミステリ

CLASSIC

〝名作〟と呼ばれるには理由《わけ》がある。
いま読んでもさまざまな新発見がいっぱい。
レジェンドがのこした絶対はずれない
作品たちばかりです。

『災厄の町〔新訳版〕』

エラリイ・クイーン
越前敏弥／訳
Calamity Town, 1942
ハヤカワ・ミステリ文庫

エラリイ・クイーンを読んだことのない人に最初に薦めるべき作品は何かというのは、意見の分かれるところかもしれない。もちろん、『Xの悲劇』を皮切りにレーン四部作からというのが常道だろうが、探偵エラリイを主人公にした作品では、書かれた順序どおりの国名シリーズからではなく、まずこの『災厄の町』を強く推したい。クイーンの最高傑

作とされることも多く、わたし自身もいちばん好きな作品だ。

緻密な論理パズルとしての魅力が満載の国名シリーズとは一風ちがって、この作品の構造はかなりシンプルで、初めての読者にも読みやすく、そのぶん人間ドラマをたっぷり楽しめる。探偵エラリイ自身が、多くの苦悩を乗り越えた人間味豊かな観察者として、全世代の読者の共感を呼ぶだろうし、事件の起こるライト家のひとりひとりの魅力も際立っている。そして、一見救いようのない事件で探偵エラリイが選んだ解決策と、味わい深い結末には、「エラリイ、かっこいい！」とわたし自身が心のなかで拍手をしたものだ。

しかし、この作品の真の主役と呼ぶべきなのは、舞台となる架空の町ライツヴィルだ。愛すべきのどかな田舎町が、名家に起こったスキャンダラスな悲劇をきっかけとして悪意に満ちたコミュニティへ変貌していくさま、そして、さらなる悲劇を経て徐々に平穏を取りもどしていくさまは、ミステリを読み慣れていない読者をも強く惹きつけるだろう。

この町に愛着を覚えた作者クイーンは、その後もライツヴィルを舞台とした傑作を書きつづけ、ほかに長篇を五作（『フォックス家の殺人』『十日間の不思議』『ダブル・ダブル』『帝王死す』『最後の女』）と、短篇をいくつか生み出している。知名度の高いレーン四部作や国名シリーズだけでなく、機会があればぜひそちらにも手を伸ばしてもらいたい。


（越前敏弥）

『そして誰もいなくなった』

アガサ・クリスティー
青木久惠／訳
And Then There Were None, 1939
クリスティー文庫

ミステリ・ファンに限らず、『そして誰もいなくなった』というタイトル通りのプロットに、好奇心をくすぐられない読者は、よもやいないだろう。クリスティーは、犯人やトリックにおける創意や工夫だけではなく、小説全体の構想や趣向などにおいても、非常に長けた作家だったと改めて感嘆せざるをえない。

イングランドのデヴォン州海岸の一マイル沖に浮かぶ兵隊島に、さまざまな職業の老若男女が集められた。オーエンと名乗る人物から手紙や電報などで巧みに呼び寄せられた面々だ。夕食も終えた一同が応接間で寛いでいると、突如蓄音機から、彼ら一人一人の過去には人を死に至らせた罪がある、という不穏な告発のメッセージが聞こえてくる。

動揺し失神するもの、責任を転嫁するもの、内面を隠し強がるものなど反応は様々だったが、誰一人オーエンを知らなかったことが判明する。そのさ中、この状況を〝スリル満点だ〟とうそぶく青年が、毒入りのウィスキーで死亡し、翌朝には召使の女性が犠牲となる。ボートによる陸との行き来を断たれ孤立した島で、謎の招待主＝犯人は自分たちの中にいると確信した人々は、疑心暗鬼に陥っていく。

孤島を舞台にしたクローズドサークル、童謡（マザーグース）の見たて殺人、巧妙な叙述トリック、犯人までもがいなくなってしまう不可能犯罪趣味など、本格ミステリのショーケースのようだが、犯人を讃えたくなるほどの連続殺人のテンポの良さが、絶妙のサスペンスを生んでいる。後に大流行するスリラー小説の形態の嚆矢ともいえる。

本作には、舞台劇用の脚本を思わせる部分があるが、後年作者は小説とは真相を差し替えて、戯曲化している。多数ある映画化作品のほとんどはこの戯曲版に基づくもののようで、中でも一九四五年にルネ・クレール監督が撮ったものが広く知られている。（三橋曉）

『謎のクィン氏』

アガサ・クリスティー

嵯峨静江／訳

The Mysterious Mr. Quin, 1930

クリスティー文庫

クリスティーのミステリといえば、多くの読者は名探偵ポアロやミス・マープルの長篇を思い浮かべるに違いない。しかし本書はハーリ・クィンという謎の探偵が活躍する連作短篇集。クリスティーにとっては極めて特異な作品であるといってよい。

そのハーリ・クィンは、ポアロとトミー＆タペンスに続く第三のシリーズ・キャラクターとして、一九二三年（マープルより四年前）に雑誌に初登場した。クィンは黒髪のやせた男で、年齢不詳で正体不明、まさしく〝謎の男〟に設定されている。さらに奇妙な点は、クィンは事件を鮮やかに解決する役回りではなく、多くの場合解決のヒントを示唆する程度。実際に事件解明を試みるのはワトスン役のサタースウェイト氏なのだが、彼はゴシップ好きな六十代の小柄な紳士にすぎない。二人はまさに異色のコンビなのである。

本書の特異さをもう一つ挙げれば、ファンタジー的要素が盛り込まれていること。とはいえ魔法や霊の力で事件が起きたり、解決したりするといった子供だましのような物語ではない。恋人・愛人たちの絡む複雑な人間関係に起因する事件が、死者の代弁者ともいえるクィンが忽然と現われると、たちどころに解決するという摩訶不思議な展開になっているからである。そしてこのファンタジー的味付けがあるからこそ、ホームズ物語やその後継者たちの旧時代の短篇ミステリにはない、今読んでも斬新な印象を与えてくれる。クリスティーの作家としての奥行きの深さ、先見性に驚かされるであろう。

クリスティーはこれら十二本の短篇を自ら「美食家好み」と評し、自身の好きな短篇として「世界の果て」「海から来た男」「道化師の小径」を挙げているが、私はさらに「ヘレンの顔」や「クルピエの真情」を加えたい。クリスティーの別の偉大さを知るためにも、ぜひ賞味してほしい。

（数藤康雄）

『さらば愛しき女よ』『さよなら、愛しい人』

レイモンド・チャンドラー

清水俊二／訳（『さらば愛しき女よ』）
村上春樹／訳（『さよなら、愛しい人』）
Farewell, My Lovely, 1940
ハヤカワ・ミステリ文庫

私立探偵フィリップ・マーロウがある夜出遭った刑務所帰りの大男・大鹿《ムース》マロイは、服役中に音信の途絶えた恋人ヴェルマを探していた。並外れた怪力で暴れ回り、ついには殺人まで犯して夜の街に姿を消したマロイを、巻き込まれたマーロウはなぜか憎めない。警察の下請けでヴェルマを探す傍ら、罠に嵌められ、依頼人を殺されてしまった事件の真相

を追うマーロウの行く手に、マロイの影が――。

ハードボイルド探偵の代名詞、名セリフにあふれた男の生き方の教科書として熱烈に支持されるフィリップ・マーロウものだが、実はかなり軽やかである。マーロウが実にペラペラとよく喋る。しょっちゅう相手に嫌な顔をされるほどだ。その調子で彼はあちこちほっつき歩き、さまざまに奇妙な人々と出会い、上流階級の堕落から庶民の卑小、警察の腐敗から闇社会の奸悪まで、ウンザリするものを山ほど見る。マーロウものは、小説それ自体が丸ごと、彷徨する彼の目が切り取った世界に対する独白なのだ。ただし、その皮肉な感想も、彼が見たいかがわしいものどもも、すこぶる面白い。

シリーズ中、人気も評価も『長いお別れ《ロング・グッドバイ》』と双璧をなす『さらば愛しき女よ』は特にいかがわしい。純情ターミネーターか犯罪フランケンシュタインかという大鹿マロイ、怪しげな催眠術を操る神経医と、その配下の謎めいたインディアン、薬物を打たれて悪徳病院に監禁されたり、悪徳の街の沖合に浮かぶ賭博船に単身潜入したりとB級感満点だ。

だが、そこには常に一抹の感傷が漂っている。皮肉屋のタフガイを装いながら、根は気《ジ》の優しい感傷家《エントル》なのだ、マーロウは。その優しさは、ここでは彼にとって行きずりでしかないマロイとヴェルマに向けられる。だからといって、それは何の解決にもならないのだけれど、少なくとも、ひどく哀切で美しいのだけは確かなのだ。

（笹川吉晴）

『さむけ』

ロス・マクドナルド
小笠原豊樹／訳
The Chill, 1964
ハヤカワ・ミステリ文庫

私立探偵リュウ・アーチャーが、ある青年の依頼で、新婚初日に失踪した新妻の行方を追ううちに殺人事件に遭遇し、やがて過去の殺人事件が浮上してくるという物語。晩年のリュウ・アーチャーものはアメリカの家庭の悲劇がよりいっそう深まり、人物関係も複雑で、家系図を作らないとわからないほどだが、中期の本書はまだそこまでいっていない。

ロス・マクドナルドといったらハメットやチャンドラーと並ぶハードボイルド御三家の一人だが、そのイメージを一変させたのが、瀬戸川猛資の『夜明けの睡魔』（創元ライブラリー）である。〝ロス・マクほど謎解きに執着する作家は現代のアメリカでは珍しい〟本格ミステリ作家であり、最高傑作は『さむけ』で、高く評価されていないのはおかしい、〝ごく客観的にみても世界ベストテン級の名作だと思う〟と。評論家の川出正樹も『ミステリ絶対名作２０１』（瀬戸川猛資編、新書館）で、エラリイ・クイーンの『盤面の敵』と並ぶ〝六〇年代本格推理の二大傑作〟と評している。

その複雑巧緻なプロットと大胆なトリックには驚くが（しかもハードボイルド派なので謎解きの情報をフェアに提出していく）、それでも十二分に抑制をきかした冷徹な描写、タフな行動とシニカルな洞察などハードボイルド・スタイルは顕著であり、何よりも浮かび上がる家族の悲劇というテーマが印象深い。事件の触媒的な存在でほとんど私生活が語られないリュウ・アーチャーという探偵像は、キャラだちが優先される現代においては逆に新鮮だろう。ロス・マクならではの過剰な比喩にみちた外界の描写は、探偵の内面を濾過したものであり、象徴性を獲得するひとつの手段として文学的に評価されてもいい。

本書以外のお薦めは何といっても『ウィチャリー家の女』と『縞模様の霊柩車』。そのほかでは『ギャルトン事件』『一瞬の敵』『地中の男』なども必読の名作だ。（池上冬樹）

『魔術師を探せ!』

ランドル・ギャレット

風見潤／訳

The Eyes Have It and Other Stories,1964

ハヤカワ・ミステリ文庫

ダーシー卿シリーズ――といえば、古くからのミステリやSFの愛読者のなかには、あ、あれか、と思い起こす方が少なくないだろう。その〝あれ〟が今回、新訳で復刊の運びとなった。ダーシー卿シリーズは、本国アメリカでも根強い人気を保っており、シリーズ全作品を収録した電子ブックが刊行されて、好評を博しているほどだ。

本シリーズのおもしろさは、まずなにより設定の妙にあるだろう。時は二十世紀後半——といっても、「こちらの世界」ではなく、「あちらの世界」の。そう、これはパラレルワールド・ミステリ小説なのだ。「こちらの世界」では、十二世紀、〝獅子心王〟と呼ばれた勇将リチャード一世が矢を浴びて命を落とすが、「あちらの世界」では、彼はその負傷を生きのび、戦いに向けていた気概と知力を治世にふりむけて、王朝の基礎を形成する。その血脈を引く王たちの巧みな統治によって、プランタジネット朝は英仏帝国《アングロ・フレンチ》へと発展し、西欧の大半と新大陸を——北米はニュー・イングランド、南米はニュー・フランスと呼ばれる——版図におさめ、繁栄を謳歌している。そして、そこでは科学ではなく〝科学的魔術〟が発達し、修行を経て公式の免許を得た魔術師たちが活躍しているのだ。

この奇想天外な世界において、国王の弟であるノルマンディ公リチャードの主任捜査官ダーシー卿が、上級魔術師《マスター》ショーン・オロックリンを補佐として、難事件を解決していく。魔術が幅を利かせているとはいっても、魔術師が謎解きをするわけではない。マスター・ショーンはこの世界の鑑識官のような役割であり、ミステリの正当な手法にのっとって事件を推理し、解決するのは聡明な頭脳を持つダーシー卿だ。本書は、シリーズの最初の三作が日本で独自に編纂された中篇集。年月を経ても色褪せることのない謎解きの数かずを楽しんでいただきたい。（公手成幸）

【公手成幸氏による新訳版を早川書房より2015年9月に刊行予定】

『時の娘』

ジョセフィン・テイ
小泉喜美子／訳
The Daughter of Time, 1951
ハヤカワ・ミステリ文庫

ロンドン警視庁のアラン・グラント警部は、十二人の似た顔の男の中から犯罪者を見抜くほど人間の顔に通じていた。彼は入院中、ある男の肖像画を見て「非常な責任ある地位にあり」「あまりに良心的すぎた人物だ」と直感する。ところがその人物は、二人の甥をロンドン塔で殺害させたイングランド王リチャード三世だった。悪王の顔がどうして真面

目な裁判官のように見えるのか？　グラントは入院生活の退屈を紛らすため、歴史を研究している青年を助手として、リチャード三世をめぐる歴史を調べはじめる。リチャードの悪事を記録したトーマス・モアの著書が、実は信用に値しないこと。リチャードの悪行を弾劾したヘンリー七世が、何故かロンドン塔の二王子殺害については彼の罪に数えていないこと……数多い謎と矛盾を手掛かりに、グラントは思わぬ真実に到達する。

イギリスの作家ジョセフィン・テイ（一八九六～一九五二）の晩年の作品である本書は、コリン・デクスターの『オックスフォード運河の殺人』や高木彬光の『成吉思汗の秘密』等々、古今東西の作品群に大きな影響を与え続けている歴史ミステリのマイルストーンだ。現代の名探偵が、証言や記録から信用できるものとできないものを選り分けるなど、実際の犯罪捜査のメソッドを援用して歴史上の事件に関する通説を覆し、意外な真相を提示する……というパターンは本書で確立されたと言っていいだろう。このパターンの場合、よく知られた通説と作中の真相の落差が大きければ大きいほどカタルシスも大きいが、その点も本書は申し分ない。日本の読者からすると王家の人間関係がややわかりにくいので、ネットなどで当時の王家の家系図を参照しながら読むことをお薦めする。なお、二〇一二年にレスター市の駐車場で発見された古い人骨がDNA鑑定でリチャード三世本人と判明するなど、この王をめぐる話題は今も絶えない。

（千街晶之）

『ブラウン神父の無知』

G・K・チェスタートン

村崎敏郎／訳

The Innocence of Father Brown, 1911

ハヤカワ・ミステリ

シャーロック・ホームズの大成功以後、多くの類似品が登場したが、そのなかでもきわだって重要なのが、本書で初登場したブラウン神父である。

丸顔にダンゴ鼻、チビで風采のあがらないカソリック神父で、「ブラウン」というだけでファーストネームも不詳の男だが、鋭い観察眼とたぐいまれな論理的思考で、たちまち事件の謎を解く、まさに名探偵である。

本書の冒頭に初登場作の「青い十字架」が収録されているが、雑誌掲載されたのは一九一一年のことで、これはシャーロック・ホームズ・シリーズがすでに後期にはいっていた時期。それから著者晩年の一九三五年ごろまでの間に、計五十三作の短篇が書かれ、五冊の短篇集にまとめられている。ホームズ人気を追いかけながらも、オリジナルなトリックの面白さがあり、なおかつホームズやそのライバルたちのようなエキセントリックな性格と対照をなす落ち着いた雰囲気のブラウン神父はかえって人気を博した。後世代にあたるアガサ・クリスティーらにも大きな影響を与えているといわれる。

現在の目で見れば、そのトリックの大半は、後に多く真似られたり応用されたりしているため、大きな驚きはないかもしれないが、短篇集一冊の中にこれだけ多彩なトリックが収められている点は、やはり他の追随を許さない。本書収録の「見えない人」と「折れた剣」の二作は、ミステリ史上もっとも多くの応用作品を生んでいるのではないか。

シリーズの初期には盗賊で神父の敵として登場し、のちには私立探偵に転じて神父とほとんどの作品でコンビを組むことになるフランボウとの相棒ぶりも読みどころのひとつ。どこからでも読める単独作品がほとんどだが、最初の二作品だけは順番通りに読まれることを、老婆心ながらおススメしておきたい。（H・K）

【田口俊樹氏による新訳版を早川書房より刊行予定】

『黒後家蜘蛛の会』

アイザック・アシモフ
池央耿／訳
Tales of the Black Widowers, 1974~1990
創元推理文庫

ちょっとした時間の隙間に、または就寝前の一篇として軽めの短篇ミステリを愉しみたい方にうってつけの作品が、アイザック・アシモフ『黒後家蜘蛛の会』である。〈黒後家蜘蛛の会《ブラック・ウィドワーズ》〉と名付けられた男性だけの親睦会が月に一度開く例会の場では、謎めいた方向に話が進むと場は俄然盛り上がり、喧々諤々の推理談義が繰り広げられる。特許

弁護士、暗号専門家、作家、有機化学者、画家、数学者の六名がその会員だ。アガサ・クリスティー『火曜クラブ』の衣鉢を継ぐ〝クラブ〟に集う人々による謎解きを描いた作品で、俎上に載るのは物品の紛失や暗号といった、殺人事件以外が大半を占めている。

記念すべきシリーズ最初の一篇「会心の笑い」では、ゲストとして招かれた私立探偵が問題の提供者の役割を担う。それは彼の依頼人にまつわる謎で、依頼人は何が盗まれたかを調べてもらうために探偵の元を訪れたという。黒後家蜘蛛の会の面々が推理するが、なかなか真相にたどり着けないでいたところ、例会の給仕を務めるヘンリーの一言によって謎はぱっと解き明かされるのであった。最後の解明が、会員の誰かではなく裏方のヘンリーによってなされるのがシリーズを通じてのパターンだ。

シリーズは全部で六十六作が書かれた（翻訳はそのうちの六十作まで）。いずれの作品も短篇ミステリのなかでは短い部類に入るものであるにもかかわらず、会員たちによる幾通りもの解釈が示される、いわば多重解決形式になっているところが本シリーズの凄味である。加えて、科学や古代史などの該博な知識を短篇に注ぎ込む博覧強記のアシモフの作家性が各短篇に通底しているのも特筆すべき点で、古典としてというよりも、一種の情報小説の側面を愉しむのも本書との向き合い方のひとつだろう。この作品を機にアシモフの推理小説やミステリタッチのＳＦ作品に手を伸ばすのもおすすめだ。（小池啓介）

【『黒後家蜘蛛の会』は、(1)～(5) が刊行されている（創元推理文庫）】

『三つの棺〔新訳版〕』

ジョン・ディクスン・カー
加賀山卓朗／訳
The Three Coffins,1935
ハヤカワ・ミステリ文庫

ジョン・ディクスン・カーはじつに多作で、執筆量が出版社の契約冊数を上まわったために、カーター・ディクスンという別名義を用意しなければならないほどだった。生涯で七十を超える長篇ミステリを書いているが、『三つの棺』は、『ユダの窓』や『火刑法廷』などと並んで、作家としてもっとも充実していた一九三〇年代の傑作であり、密室ミ

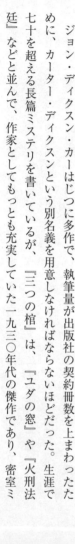

ステリの金字塔とも呼ばれる。

ロンドンの雪の夜、屋敷の主が鍵のかかった部屋で撃ち殺される。しかし、押し入ったはずの犯人は、窓や庭の雪に痕跡ひとつ残さず忽然と消えた。同じ夜、通りを歩いていた別の男が、同じ銃で至近距離から撃たれて死ぬが、まわりの雪には本人の足跡しかなく、事件の目撃者もみな犯人を見ていなかった……『三つの棺』を読んだことのないかたも、どこかでこれらのトリックを見聞きしているのではないだろうか。カーというと、密室、不可能犯罪というイメージがあるけれども、本書はひとつの極北。手がこみすぎているのでは……という声もあるほどだ。

さらにこの作品を特徴づけているのは、探偵フェル博士が物語の進行から離れて古今の密室トリックを解説する〝密室講義〟だ。これだけ独立して翻訳紹介されたこともある有名な一章で、内容のくわしさもさることながら、カーの推理作家としての矜持がびんびん伝わってくる。この密室講義ゆえに、『三つの棺』はカー作品のなかで不動の地位を獲得したとも言えるだろう。

ミステリや、怪談や、ロマンスの要素をこれでもかと詰めこんだ過剰さと、ごた混ぜの華やかさ、愉しさが、いまだ日本で衰えぬカー人気の秘密だろうが、この作品ではそれらが際立っている。過剰にカー的な世界をぜひ体験していただきたい。（加賀山卓朗）

〈カッコいい！〉

ヒーロー or アンチ・ヒーロー・ミステリ

HERO OR ANTIHERO

すべてが過剰？ or 逆に何かが欠落？
唯一無二すぎてカッコいい！
今からすぐに真似をしたくなってしまう？
主人公たちの魅力全開です。

『大穴』

ディック・フランシス

菊池光／訳

Odds Against, 1965

ハヤカワ・ミステリ文庫

ディック・フランシスの競馬シリーズの長所のひとつは書き出しである。僕は、古今東西名書き出し集というのをひそかに編んでいるのだが、そこにいくつものフランシス作品をいれている。『大穴』もうまい。――「射たれる日まではあまり気にいった仕事ではなかった。その仕事も自分の一命とともに危うく失うところであった」。

大障害レースのチャンピオン・ジョッキーだったシッド・ハレーは、レース中に転倒事故に遭い、左手を負傷して騎手を引退した。いまは探偵事務所の調査員をしているが、騎手としての人生を失ってから抜け殻のような日々を送っていた。そんなハレーが仕事中の事件で銃撃され、はじめて探偵の仕事を気に入り、そこから再生をはかる物語である。メインとなるのは、競馬場乗っ取りの噂を探るもので、依頼人は義父のチャールズ。妻とは離婚寸前であったが、義父とは逆に信頼を寄せ合っている。

シリーズ・ヒーローを作らないことを原則にしているフランシスだが、ハレーは特別で、『大穴』『利腕』（CWA賞ゴールド・ダガー賞&MWA賞最優秀長篇賞受賞）『敵手』（MWA賞最優秀長篇賞）『再起』と四作ある。ハレーには老成した私立探偵のイメージがあるけれど、二十数年ぶりに再読したら、意外と若くて初々しい。競馬シリーズは、読み始めたらやめられないメイン・ストーリーと、それを裏側から支える恋愛・家族愛・友情などの脇筋が胸をうつのだが、もうひとつ忘れてならないのは強烈な悪役像。本書もそう。中期以降は優しく総花的になり、邪悪も影をひそめるけれど（そのかわり職業小説としての厚みが増す）、本書にはサディスティックな女が出てきて、ハレーを徹底的に痛めつけて、より緊迫感が高まる。あらゆる意味でシリーズの典型的な名作。本書以外では『度胸』『興奮』『血統』『罰金』（MWA賞）『重賞』などもお薦めしたい。（池上冬樹）

『黒と青』上下

イアン・ランキン
延原泰子／訳
Black and Blue,1997
ハヤカワ・ミステリ文庫

荒涼とした原野が今なお広がる、夏でもうすら寒いスコットランドと、観光客を惹きつけてやまない歴史的遺産に富む小さな首都、エジンバラ。『黒と青』のリーバス警部は、そんな風土の中にひそむ悪と対峙するエジンバラ地区警察の警察官である。
一筋縄ではいかない、こんがらがった難事件をリーバス警部はいくつも抱え込み、寝食

を忘れて捜査に没頭する。しかもリーバス警部自身も一筋縄ではいかない人物なのだ。太り気味のさえない中年男だが、殺人事件の被害者の無念を晴らしたいという強い思いが心中にあって、真実を見つけるためには上司の命令を無視するのは当たり前、ときには違法に近い行為も敢えて辞さない。必然的に警察内では上司に睨まれてたいへんな苦境に陥るが、それでも居所をくらましながら、スコットランドじゅうを駆け巡って単独で捜査を続けていく。家庭生活はとっくに崩壊し、妻とは離婚、一人娘とも会う機会がない。人一倍優しい心を持ちながらも、思いとは裏腹に強がって見せ、あとで自責の念に苦しむ男である。トラウマとなった過去を思い起こして、もんもんと眠れない夜を過ごす彼は、酒と煙草に逃げ、ロックミュージックに慰めを見いだしている。そう、リーバス警部は、屈折した複雑な男なのだ。

スコットランドで現実に起こった、若い女性ばかりを襲う連続暴行殺人事件と、その模倣犯の犯行を追う本書は、英国推理作家協会賞を受賞している。日本ではじめてリーバス警部が紹介された作品であり、シリーズの第八作目となる。

リーバス警部の行きつけのパブは、エジンバラに実在する〈オックスフォード・バー〉だ。そこに入れば、もしかしたら、一人寂しく飲んでいるリーバス警部がいるのではなかろうか。いや、運がよければ、イアン・ランキンと出会えるかもしれない。（延原泰子）

『シティ・オブ・ボーンズ』

マイクル・コナリー
古沢嘉通／訳
City of Bones, 2002
ハヤカワ・ミステリ文庫

二〇〇二年二月一日、ハリウッドの丘陵地帯で、少年の人骨が発見される。死亡時期は二十年近く前、死因から殺人事件と目され、ロス市警ハリウッド署殺人課のボッシュが相棒と共に捜査にあたる。骨には虐待の痕跡が残っていた。カリフォルニア州では、重罪に時効は無く、子どもを虐待死させた非道な犯人を突き止めようとボッシュたちは意気ご

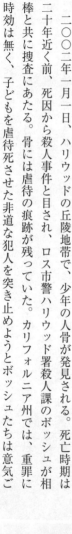

む。やがて事件は意外な展開を見せ、次々とあらたな犠牲者を生んでいく。まるで一本の骨がドミノよろしく次の骨を倒していくかのように。天使の街《ロサンジェルス》の実体は、骨の街《シティ・オブ・ボーンズ》なのか……。

いまや米国ミステリ界の巨匠の一人となったマイクル・コナリーの代表作ハリー・ボッシュ・シリーズは、二〇一五年秋発売の最新作 *The Crossing* が二十作目になる（ゲスト出演的な作品を加えると二十二作）。本書は八作目。シリーズ中期前半の傑作である。ボッシュのキャラクター設定と世界観を固めるまでの初期作品（ボッシュ・シリーズ第一作の処女作『ナイトホークス』から第四作『トランク・ミュージック』まで）を〈序〉と考えれば、第五作『エンジェルズ・フライト』から『夜より暗き闇』、本書、『暗く聖なる夜』までの四作品は、まさに〈破〉にあたり、振り返ってみれば、コナリーとシリーズの評価を決定的にしたのは、この四作であることがはっきりわかる。

なかでも、本書は、その後のボッシュの数奇な運命を考えると、純粋な刑事物として楽しめる最後の作品と言えるかもしれない。また、狷介で厄介な性格のボッシュというこの中年男が、過去四半世紀のミステリ・シーンが生んだ最高の人気キャラクターの一人となっている理由も、深夜に嫌いな猫の世話をしに出かける場面などを通して、本書で見事に活写されていると言えよう。

（古沢嘉通）

『警察署長』上下

スチュアート・ウッズ
真野明裕／訳
Chiefs, 1981
ハヤカワ・ミステリ文庫

一九一九年、ジョージア州の田舎町テラノでは、初めて警察署長として、ウィル・ヘンリー・リーが就任した。そのすぐ後に、町の郊外で若者の全裸死体が発見される。ウィル・ヘンリーは、この殺しが人種差別集団K・K・Kによる犯行だとにらむが、検死の結果、死体には、警察関係者から《事情聴取》を受けたらしき痕跡があった。

以上が第一部序盤の紹介である。第二部は時代が飛んで一九四六年が舞台だ。テラノの新署長として復員兵サニー・バッツが抜擢された。サニーには、弱きを挫き人種差別もする悪癖があり、同じく復員兵のビリー・リー（初代署長の息子）と対立する。そんな中、無理矢理拘留していた被疑者が房内で死んでしまい、サニーは解職の危機に陥った。何とか挽回しようと、サニーは、ウィル・ヘンリーのメモに記載されていた未解決殺人事件を解決し手柄とすべく、単身で捜査を再始動させる。そして次の第三部の時代設定は一九六二年で、ビリー・リーは州の副知事になっている。空席だったテラノ署長として、タッカー・ワッツが採用される。彼は黒人だった。まだ色濃く残る人種差別に抗いつつ仕事をするうちに、タッカーは前任者たちが残したメモを見て、殺人事件の存在を知る。

テラノの歴代署長三名による、あしかけ四十年超にわたる捜査を大河小説風に描く。この間、アメリカ社会は大きく変化している。それが田舎町を舞台とするこの物語にも強い影響を及ぼしているのである。特にクローズアップされるのは人種差別であり、この問題がアメリカ社会の長年の懸案事項であることを実感させられる。ただし堅苦しさはなく、時代ごとの街の表情と市民生活の描写は、実に鮮やかである。そこに、三署長の三者三様のキャラクターが投影されていくのだ。アメリカ南部の田舎町の変遷を、活き活きと描き出した、リーダビリティ抜群の雄篇である。

（酒井貞道）

【アメリカ探偵作家クラブ賞最優秀新人賞受賞作】

『ウッドストック行最終バス』

コリン・デクスター
大庭忠男／訳
Last Bus to Woodstock, 1975
ハヤカワ・ミステリ文庫

R・D・ウィングフィールドのフロスト警部に、レジナルド・ヒルのダルジール警視など、イギリスのミステリに登場する刑事には仕事ができる半面、傲慢であったり下品であったりと、人として軸がぶれているようなキャラクターが多い。
職場にいたら迷惑この上ない、でもどこか憎めない主人公の系譜のなかでもとびきり個

性的な捜査法で魅了するのが、本書に登場するテムズ・バレイ警察のモース主任警部である。本書はモースが活躍するシリーズの記念すべき第一作だ。

夜の闇が迫るオックスフォード、二人の娘がウッドストック行きの最終バスを待っていた。なかなか来ないバスを待つのに耐えられなくなった二人はヒッチハイクをすることにした。しかしその晩、ひとりの娘は死体となって発見され、もう一人は行方をくらましてしまう。娘はどこへ消えたのか。なぜ名乗り出てこないのか。

この謎に挑むのがモースなのだが、彼の捜査はとにかく変わっている。ある証拠を切り口に推論を広げ、常人では思い付かないような仮説を立てていくのである。おまけにその仮説は間違っている事が多く、間違えたら再びゼロから推理を組み立てる、というパターンが作中、幾度となく繰り返されるのだ。謎解きミステリの論理性を突き詰めた究極の存在が、モース警部というキャラクターなのである。

モースの背負う二面性も作品の魅力だ。彼の趣味はクロスワードパズルを解くことであり、またクラシック音楽の愛好家でもある。そうした知的で文化的な顔を持つ一方、酒好きで美女に弱く、好色漢なところもある。対極的な二つの性格が同居したモースに振り回されるのが部下のルイス部長刑事で、彼の実直な人物造形もシリーズが支持される理由の一つだ。尖ったキャラクターとロジカルな推理を堪能したい方には必読である。（若林踏）

『忙しい蜜月旅行』

ドロシイ・セイヤーズ
松下祥子／訳
Busman's Honeymoon, 1937
ハヤカワ・ミステリ文庫

『毒を食らわば』で、愛人を殺した容疑で裁判にかけられていたハリエット・ヴェインに一目惚れしたピーター・ウィムジー卿は、真犯人を見つけだしてヴェインの容疑を晴らした上で、彼女にプロポーズするが、拒否される。その後、『死体をどうぞ』で協力して事件を解決。『学寮祭の夜』でついにヴェインはプロポーズを受ける。二人が結婚式を挙げ

た後、向かった新婚旅行先で死体に遭遇、いつもながらの探偵仕事に従事する羽目になるのが、セイヤーズが完成させた最後の長篇『忙しい蜜月旅行』である。

もともと戯曲として書かれたものを小説化しただけに、やや書き割り的ではあるけれど個性的な村人たちが織りなす言動は、ドタバタ騒ぎの狂騒にまで発展する。ただし、探偵役のピーター卿については、単なる書き割り的なキャラクターにとどまっていない。

由緒ある貴族の次男坊であるピーター卿は、第一次世界大戦に従軍した影響で神経症を患い、ふだんは悪戯好きの妖精のような雰囲気を漂わせながら、どうかすると性格の弱さを露呈する。『忙しい蜜月旅行』では、陽気で悪戯好きな側面と、精神的に弱い側面とが共に描かれている。悪戯好きな妖精としての側面は、きっかけがあると陽気に歌い出し、事件を担当する村の警官との引用合戦を繰り広げる場面などに、また、神経の繊細さ、性格の弱さについては、自尊心を持つ、知的に同等な相手との夫婦関係を、模索しながら構築していく様子や、真犯人を突き止めた後、他者を追いつめ裁くことに対して苦悩する姿などに、よく表われている。どちらか一方に偏らないことで、複雑な内面を持つ、血肉を備えた人間となっているのだ。

巻末には、伯父の手になるピーター卿の伝記が掲げられており、作者自身の探偵《ヒーロー》に対する萌えっぷりがうかがえて楽しい。

（横井司）

『完璧な絵画』

レジナルド・ヒル
秋津知子／訳
Pictures of Perfection, 1994
ハヤカワ・ミステリ

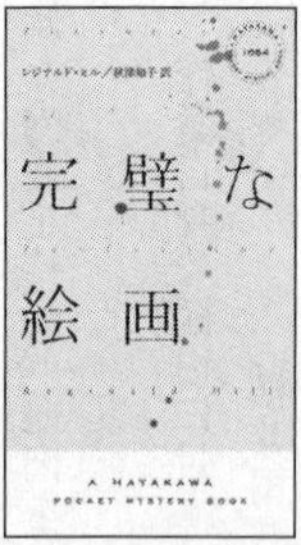

今日、最もイギリスらしいミステリは何かと訊かれれば、私ならば、躊躇なく、レジナルド・ヒルが書き続けてきたダルジール警視シリーズを挙げる。謎解きがしっかりしていることはもちろん、地方色豊かな風土や慣習をベースに、辛辣な皮肉とユーモアに溢れた作品群は、これぞイギリス・ミステリという特色を際立たせているが、それに加えて、並

外れた巨漢で、性格は身勝手極まりなく、口の悪さは天下一品という、中部ヨークシャ警察のアンディ・ダルジール警視の強烈な個性が、このシリーズを忘れがたいものにしてくれているからだ。

長篇としてはシリーズ十三作目にあたる『完璧な絵画』は、人々が集う会場に、銃を乱射しながら現れた狂戦士と称される男が、最後の一発を、シリーズの要、ダルジール警視、パスコー主任警部、ウィールド部長刑事の聖三位一体トリオの誰かに向けて発射するという、ショッキングなシーンから幕開けする。まさかと、もどかしくページを繰ると、時間は二日前に遡ることになる。

中部ヨークシャの人里離れた谷間にある小さな村エンスクームに駐在していた巡査が、突然失踪し、調査のために、警察本部からダルジール達が赴くことになった。しかし、まるで一幅の風景画のような、長閑で平和そのもののように見える村は、小学校の存続問題に激しく揺れ、多年に亘る陰湿な人間関係がドロドロと渦巻いていたのだった。そして、強引なダルジール、知的なパスコー、無骨なウィールドの、三人三様な捜査が始まる。

ダルジールは、どうみても理想的なヒーローにはほど遠いが、本書において、いつの間にか排他的な村人の懐に入り込んでいるように、彼の内面から滲み出てくる人間力が、読み手の心をもワシ摑みしてしまうにちがいない。

（穂井田直美）

『苦い林檎酒』

ピーター・ラヴゼイ
山本やよい／訳
Rough Cider, 1986
ハヤカワ・ミステリ文庫

英国は、ご承知のように、イングランド、ウェールズ、スコットランド、北アイルランドの連合王国であり、一口に英国人といっても、地域によって気質が違う。一人称の英国ミステリを読めばその違いは明らかで、ディック・フランシス（ウェールズ人）の競馬シリーズは、日本人が理想とするようなサムライ的なストイックな人物が語

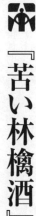

り手だが、イングランド人の書く一人称小説は、痛快さ、爽快さを狙うのではなく、自虐ネタをちりばめながら、皮肉とユーモアを前面に押し出す作風になっている。語り手の嫌な面も隠さないので、人によっては、感情移入しにくいのが欠点か。

古典でいえばリチャード・ハルの『伯母殺し』が典型だが、『苦い林檎酒』もその流れをくむもので（もちろん内容は違う）、イングランド的な語りの醍醐味を味わうことができる。

この作品は、一九四三年と一九六四年の二つの時間を起点にした出来事を、現在の時点（一九八〇年代）から語る三層構造になっている。この構成のおかげで、登場人物の性格描写に時間的な厚みが加わっているのも優れた工夫だろう。

第二次大戦中、サマセットの田舎町にアメリカ軍の兵士が駐屯していて、若い娘たちが色めき立っている。リンゴの収穫が終わり、名産の林檎酒がつくられるころ、残酷な殺人事件が発覚して、アメリカの兵士が裁判にかけられる。

そのいきさつをノスタルジックに語った一九四三年の部分（語り手は九歳、現在は五十数歳）が前半のハイライトだが、六四年（語り手は三十歳）のパートにいたって、人間関係に新たな光が投げかけられる。全体を通して、いかにもイングランド的な、下ネタ込みの、人間くさい語りが読みどころである。プロットのひねりも見事。

（宮脇孝雄）

『クリスマスのフロスト』

R・D・ウィングフィールド
芹澤恵／訳
Frost at Christmas, 1984
創元推理文庫

一読したとき、ぶっ飛んだ。なんと傍若無人な主人公であることか。正義の味方たるべき警察官でありながら、正義など歯牙にもかけぬふるまいの数々。遅刻、経費のちょろまかし、気に喰わない上司や同僚を徹底的にコケにする……そのあたりは、まあ、アンチヒーローの系譜と読めないこともない。だけど、頼ってきた者を邪慳に扱い、部下を使いっ

走りとして思い切り酷使し、無体ないたずらを仕掛け、セクハラ親爺ギャグを連発し、果ては書類仕事のずさんさがたたって配下の者は残業手当にもありつけない、となると、権威には牙を剥くが弱い者には優しいというアンチヒーロー像からもはみだしていないか？おまけに肝心の捜査も行き当たりばったり。それなのに、ついついページを繰ってしまうのは、いくつもの筋が錯綜する「モジュラー型」警察小説のもたらす先の読めなさとてんこ盛りの魅力もさることながら、やはり主人公から眼が離せないから。

フロスト警部は確かに傍若無人だけれど、それは自分を自分以上に見せようとしないからでもある。自分のなかの怠け心も差別意識も助平心も何もかも、あっさりとさらけだす。甲羅を経るうちにヒトは賢く振る舞う術を覚え、自分をよく見せることに長ける。自分のなかに積もった、そんな重たさやら胡散臭さやらに気づきはじめていた時期でもあったせいか、個人的にはフロスト警部の開き直りと紙一重の潔さに惹かれた。なんだ、カッコいいじゃないの、と思った。世に言うカッコよさとはだいぶちがうかもしれないけれど。

本書はシリーズ第一作だが、二作、三作と進むうちに、物語のてんこ盛り感が増す分、主人公のほうはやや丸くなったと言われるようになる。カッコよくないカッコよさがわかりやすくなり、ほろりとさせられる言動も見られるようになる。それでも、自分を飾ることとはついぞ無縁だ。訳者としては、そこも味わっていただければと願っている。

（芹澤恵）

【〈フロスト警部シリーズ〉は長篇6作、そのうち5作が翻訳刊行】

88

『地上最後の刑事』

ベン・H・ウィンタース
上野元美／訳
The Last Policeman, 2012
ハヤカワ・ミステリ

ニューハンプシャー州コンコード警察のヘンリー・パレス刑事は、ファストフード店のトイレで男が首を吊っていた事件の捜査を担当する。死んでいたのは保険会社の計理士ピーター・ゼル。約半年後、巨大な小惑星が地球に激突して人類が滅亡するという予測が広まり、希望を失った人々の自殺が相次いでいたこともあり、ゼルもそんなひとりだと思わ

れた。しかしパレスは、死者の衣服のうち首吊りに使われたベルトだけが不釣り合いな高級品であることに気づき、他殺を疑う。世界そのものが消え失せようとしているのに、どうして犯罪の捜査などに熱中できるのかと、同僚たちから呆れられながら……。

周囲から白眼視されつつも矜持をかけて捜査に熱中する主人公が登場する警察小説は珍しくないけれども、本書は終末SFと融合させた点がみそだ。世界の滅亡という大事の前で、刑事としての職務を生真面目に果たそうとするパレスに、当初味方は殆どいない。警察のみならず検察も完全にやる気を失っているし、そもそもパレスが刑事に昇進した理由からして、世界が終わると知った刑事たちが死ぬまでに自分のやりたいことをやるため早期退職したせいだった。だがパレスは、それが正気を保つ手段であるかのようにひたすら淡々と地道に捜査を進め、真実に迫ろうとする。そんな彼の孤高の姿と、その背景で崩壊してゆく世界との落差が忘れ難い印象を残す作品である。またパレスには妹がいるが、彼女にまつわるサイドストーリーも強烈な読後感を刻みつける。

ベン・H・ウィンタースはアメリカの作家。本書はパレスを主人公とする三部作の第一作であり、本書でアメリカ探偵作家クラブ賞ペイパーバック賞を、第二作『カウントダウン・シティ』（パレスの境遇に大きな変化が生じる）でフィリップ・K・ディック賞をそれぞれ受賞した。第三作は近いうちに邦訳が出る予定である。

（千街晶之）

〈どこかユーモアがある〉

〈楽しい殺人〉のミステリ

COZY AND SWEET

ミステリは怖いだけじゃないんです。
キャラクターがキュートでラブリー
だったり、ユーモアたっぷりでほんわかしたり。
楽しんでご賞味あれ。

『スイート・ホーム殺人事件〔新訳版〕』

クレイグ・ライス
羽田詩津子／訳
Home Sweet Homicide, 1944
ハヤカワ・ミステリ文庫

本書の主人公は三人の子どもたちだ。十四歳のダイナ、十二歳のエイプリル、十歳のアーチー。彼らの母親マリアンはミステリ作家で、十年ほど前に新聞記者だった夫を亡くし、女手ひとつで子どもたちを育ててきた。そんなときに隣家の主婦が射殺されるという事件が起き、子どもたちは自分たちが殺人事件を解決してお母さんの手柄にすれば、宣伝

になって本が売れるのではないかと期待して独自に素人探偵を始める。

この三人の子どもたちと母親のキャラクターが秀逸だ。長女のダイナはおっとりしているがしっかり者。次女のエイプリルは金髪美人で頭の回転が速い。唯一の男の子アーチーはふだんは姉たちに頭が上がらないが、いざとなると行動力を発揮する。そしてマリアンは仕事が佳境に入ると、日常の些事はすっかり忘れてしまい、砂糖袋を冷蔵庫に入れ、クッキーを砂糖入れにしまうといった具合で、子どもたちをはらはらさせる。ただし、子どもたちへの愛情は深く、おかげで三人とも、のびのびとまっすぐに育っている。

三人の無謀とも言える素人探偵ぶりも楽しいが、事件の捜査で知り合ったビル・スミス警部補と母親をくっつけようとするおませな計略がまたほほえましい。

殺人という事件を通して人生の残酷さや哀れさが描かれてはいるものの、ライスの語り口は独特のユーモアにあふれている。それは騒々しい笑いを誘うものではなく、思わず口元をゆるめるような諧謔に満ちたユーモアだ。しかも人生の機微を感じさせ、ほろりとさせるスパイスもまぶされているのが、ライスの魅力だろう。旧版で解説を書いた小泉喜美子氏は、ライスの作品は「大人の、現代の童話」だと言っているが、まさに本書は洗練された大人の笑いの醍醐味を堪能できる作品である。ライスの代表作と言ってもいいかもしれない。

（羽田詩津子）

『ゴミと罰』

ジル・チャーチル
浅羽英子／訳
Grime and Punishment, 1989
創元推理文庫

いつの時代も主婦はたいへん。家事育児にご近所づきあい、姑のご機嫌うかがい、PTAにボランティア。小中高、三人の子供を持つ未亡人ジェーン・ジェフリイは、このすべてに加えて、仮免中の高校生の息子の運転に肝《きも》を冷やし、おしゃれに夢中でおこづかいをせびってばかりの中学生の娘をやりすごし、末っ子が飼うハムスターの家を掃除しなけれ

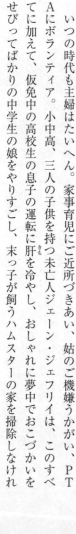

ばならない。

そんななか、お隣に住む親友シェリイ・ノワックの家で殺人事件が発生。シェリイの留守中に仕事をしていた掃除婦が、掃除機のコードで首を絞められて殺されたのだ。近所で殺人事件だなんて、子供たちもいるのになんて物騒な！　早く解決してよ、刑事さん！　あらでもこの刑事さんちょっとイケメンね。はいはい、よけいなことはしませんよ、と言いつつ聞きこみを開始するジェーンとシェリイ。

お隣で殺人事件が起こっても、子供の送り迎えのローテーションをきっちりこなし、脅迫されてあわてつつも晩ごはんの献立を考え、庭に植える花を選ぶ。何があっても家庭生活マスト・ゴー・オン。そんなところがジェーン・ジェフリイ・シリーズの魅力だ。そして、そんな家庭生活のこまごました部分に、謎解きのヒントがごろごろ転がっている。主婦ならではの観察眼で警察の裏をかくなんて、痛快じゃありませんこと、奥さま？

手抜きがうまい主婦ジェーンとスーパー主婦シェリイのゴールデンコンビぶりも、このシリーズを読む楽しみだ。「誰か殺すにしたって、あんたならあとで掃除しなくてすむ場所選んだわよ」「あんたには後ろから忍び寄るなんてむりだと思ったの。喋らずにやれるわけないもの」という信頼ぶり（？）や、お互いへの容赦ないツッコミも読みどころ。こんな相棒がいれば殺人事件が起きても怖くない？

（上條ひろみ）

【本書はシリーズ第１作。シリーズは 14 作まで翻訳刊行されている】

『アガサ・レーズンの困った料理』

M・C・ビートン

羽田詩津子／訳

Agatha Raisin and the Quiche of Death, 1992

コージーブックス

都会から田舎に移住する人が増えているという。めまぐるしい都会の暮らしに疲れ、のどかな田園に癒しを求めるのはわかるが、旅行ではなく定住となると、いろいろと悩ましい問題が出てくる。筆頭にあげられるのは人間関係だろう。田舎は人と人とのつながりが密だ。新参者は何かと気を遣う。

しかし、ロンドンから英国一美しいと言われるコッツウォルズに移り住んだアガサ・レーズンは、アグレッシブな新参者だ。喩えていうならブルドーザーみたいな人。村人に尊敬されたくて、料理もできないのにキッシュ・コンテストにエントリーし、ロンドンのデリカテッセンで購入したキッシュを出品したり、そのキッシュを食べた審査員が急死すると、今度は殺人事件を解決しようとしたり。都会から来たすてきなレディとして村人から一目置かれるためなら、面倒なこともいとわないアガサの空回りぶりは、悪いけどおもしろすぎる。そして、村人たちのユニークな生態がまたそれに輪をかけておもしろいのだ。あっというまにうわさが広まる小さな村のこと、村人たちにとってアガサの一挙手一投足は注目に値する娯楽らしい。

五十三歳でPR業界を早期退職し、優雅におひとりさまの老後を楽しむつもりが、アガサの田舎暮らしは意外に忙しい。隣人との口げんかにパブでの社交、ご婦人たちとの交流(お固い婦人会のお楽しみが男性ストリップというギャップ!)。これまでのキャリアで身につけたスキルを生かして村のPRのためにひと肌脱いだり、都会から遊びにきた知り合いをもてなしたり。田舎暮らしを夢見る人にとって、『アガサ・レーズンの困った料理』は愉快な参考書になるのではないだろうか。蜂蜜色の家々が美しい、コッツウォルズの観光名所が多数紹介されているのも楽しい。

(上條ひろみ)

『ママは何でも知っている』

ジェイムズ・ヤッフェ

小尾芙佐／訳

Mom's Story, The Detective

ハヤカワ・ミステリ文庫

舞台はニューヨークのブロンクス。毎週金曜、警察官のデイビイとその妻シャーリイは、デイビイのママの作る世界一のロースト・チキンのディナーに招かれていた。その席でママは、とにかくデイビイの身を案じる。警察なんて危ない職業について、けがでもしたらどうするの、もっと知性と頭脳を必要とする仕事に就いてほしかったのに。しかしマ

マは、デイビイから捜査中の事件の話を聞くのが大好きだった。デイビイが決まって話すのは、警察が頭を悩ませている未解決事件。ひとしきり事件について話を聞いたママはこう言う。どうして犯人をつかまえないの？　警察はどじなやつ《シュレミール》のよりあつまりね。事件現場に赴いて調査をすることもなしに、話を聞いただけで事件を解決する、いわゆる安楽椅子探偵ものだ。ママが解決するのは、年をとった独身女性が文通相手に殺された事件、オペラ好きの老人がトスカの上演中に死亡した事件、呪いのミンク・コートによる殺人事件などなど。事件解決のかぎは、たしかに、デイビイの話すことの端々に隠れている。足りない情報はママがいくつか「簡単な質問」をして補う。ママの言うとおり、おつむを使えば読者でも真相がわかるのだ。

　とはいっても、ミステリ的にフェアであるとか、そんな堅苦しいことだけが魅力の小説ではない。ママの人を見る目が優しいのだ。警察に不満を言ったって、インテリのシャーリイと嫁姑対決をしたって、ママは愛情にあふれている。そして、ママの誘導によってデイビイが真犯人の名前を口にしたときの、誇らしげな口調がなんともかわいらしいのだ。

　こんなママのファンになったら、〈ママ〉シリーズの長篇『ママ、手紙を書く』『ママのクリスマス』『ママは眠りを殺す』『ママ、嘘を見抜く』もお読みいただきたい。さらなる驚きの展開が待っている。　（A）

【『ママは何でも知っている』以降の〈ママ〉シリーズはいずれも東京創元社刊】

『ジーヴズの事件簿 才智縦横の巻』

P・G・ウッドハウス

岩永正勝、小山太一／編訳

The Casebook of Jeeves

文春文庫

真面目で有能な執事のジーヴズは、新しい主人である青年バーティ・ウースターの下で働くことになった。バーティはお調子者であり、自分では必ずしもそう思っていないがおバカで、硬いことは大嫌い、冗談は大好きで、明るく楽しい独身生活を謳歌している。そして意外と情に篤く、友人が困っていると助けずにはいられない。だがしかし、如何せん

要領や運が悪く、自身の行動が更なるトラブルを招くことが常であった。そんな時に、バーティがジーヴズに泣きつくとあら不思議、見事な解決方法が示されて、様々な困難や障害が魔法のように消え失せるのだった。

と、これがウッドハウスのジーヴズ・シリーズの、ほぼ毎回繰り返される構図である。殺人事件どころか、解くべき謎があるわけでもないため、何故ミステリのハンドブックに掲載されているか訝しむ方もおられるだろう。しかしこのシリーズは、小説としての構成がほとんどミステリと同じなのである。ジーヴズの提示する一見突拍子もない解決方法には、「そうすれば事態が収拾できる理由」が付されていて、それは必ずと言っていいほど、事前に張られた伏線から導き出される。ジーヴズは自分で見聞きしたことや、バーティから聞かされた情報から、それらを拾い上げて、八方ふさがりにしか見えない状況に思わぬ解決手段を提示する。これはミステリにおける「意外な論理的な推理」の作り方と全く同じだ。更に言えば、バーティが巻き込まれるトラブル自体も、それより前に張られた伏線の結果、更に事態が複雑化していることが多い。つまり、プロット作りが実に緻密で用意周到なのである。そのプロットに支えられて、バーティと愉快なお間抜けな仲間たち、そしてバーティが苦手とする人たちが、他愛ない大騒動を繰り広げる。なお本書所収の「バーティ君の変心」では、ジーヴズの意外な腹黒さも炸裂。楽しめる一冊だ。　（酒井貞道）

『猫は殺しをかぎつける』

リリアン・J・ブラウン

羽田詩津子／訳

The Cat Who Saw Red,1986

ハヤカワ・ミステリ文庫

シャム猫ココと新聞記者クィラランのコンビが活躍するシャム猫ココ・シリーズは、作者のリリアン・J・ブラウンが二〇一一年に九十七歳で死去するまでに二十九冊書かれている（その他にブラウンは短篇集を一冊、番外篇を二冊執筆している）。本書は実はシリーズ四作目にあたるが、一九八七年にアメリカ探偵作家クラブ（MWA）賞ペイパーバッ

ク賞の候補になったこともあり、翻訳書としては最初に出版された。

今回は初恋の人と再会し、かつての情熱が甦る。海千山千の新聞記者クィラランの意外に純情な一面が見られるだろう。

二十九冊も続いたこのシリーズの魅力は、なんといってもクィラランとシャム猫たちのやりとりだ。本書でも、ただのブラッシングの場面ですら、ココとヤムヤムの個性によってリアルに描き分けられ、猫たちに愛情たっぷりに話しかけるクィラランの言葉に胸が熱くなる。おまけにココは非常に賢く猫らしいやり方で毎回クィラランに事件の手がかりを与えるし、雌のヤムヤムも実に愛らしい。そんなところが猫好き読者のハートをがっちりとつかんだのだろう。

もうひとつの本シリーズの魅力は、おいしそうな食べ物が必ず登場するということだ。とりわけ今回の舞台はグルメな弁護士が経営する下宿なので、次から次に美食が登場し、それだけでもわくわくする。またクィラランばかりかココとヤムヤムも大変なグルメだ。本書でもチキンレバーやロブスターの缶詰やキャビアを食べている。さらにクィラランが毎回ちがう女性に胸をときめかせるという設定も楽しい。というわけで、猫とグルメに興味があり、ほのぼのとしていて、ところどころでくすっと笑えるミステリをお求めの方にはぜひお勧めしたい作品である。

（羽田詩津子）

『火曜クラブ』

アガサ・クリスティー
中村妙子／訳
The Thirteen Problems, 1932
クリスティー文庫

ゆったりと心安らかに読める短篇集だ。もちろん扱われている事件は殺人の類であるが、本書はそういったリアリティを問う小説ではない。

この『火曜クラブ』は、全部で十三篇が収録された短篇集。前半の六話は、ミス・マープルの自宅を舞台にしている。いつもの面々が火曜日にマープル邸に集まり、各自が知っている迷宮入り事件を題材に会話を交わすのだ。例えば、砒素を用いた毒殺事件の謎について、あるいは、消えた金塊について。この会話がまず心地よい。ページ数が少なく駆け足ではあるが、皆があれこれ口を開き、謎が明確になっていくのである。その愉しい会話の果てにミス・マープルが示す解決も、己の盲点を気付かせてくれて心地よい。

後半は、知人の夫妻の晩餐の席での会話のなかで迷宮入りの事件などが語られる。こちらでもマープルの推理を堪能できるし、また、アクティブになったマープルの活躍も味わえる。例えば、マープル自身が死体の脈をとったりもすれば、安楽椅子探偵として推理する以上に深く事件に関与したりもするのだ。

そして最終話となる第十三話では、マープル自身が真相究明のために自らの足を運び、間接的にではあるが警察に働きかける。なんとも能動的で積極的に活躍するのである。

こうした具合に本書のなかでマープルは事件現場との距離を縮めていく。安楽椅子探偵という、いわば岡目八目的に推理に徹していればよかったポジションから、最終的には警察への働きかけまで行うようになるのだ。クリスティーは、知人が語る迷宮入り事件の謎をマープルが解き明かすという基本構造をほぼ維持しつつも、一冊の書籍としては、こうした変化を持たせた（ある短篇ではさらに一ひねりした仕掛けも用意されている）。だから飽きない。心安らかに読めるのに飽きないという、得難い短篇集である。（村上貴史）

『静かな水のなかで』

ヴィヴェカ・ステン

三谷武司／訳

I de lugnaste vatten,2008

ハヤカワ・ミステリ文庫

北欧ミステリって、暗い・重い・寒いって思ってませんか？　スウェーデン発・ヴィヴェカ・ステン『静かな水のなかで』は、風光明媚なリゾート・アイランドが舞台。しかも夏の話！　珍しいでしょう？　まあ、もちろんかなり陰惨な殺人が起きるんですが。夏にはセレブな観光客で賑わうサンドハムン島。漁網にからまって漂着した死体は、長

く水中にあったせいで酷いことになっていたものの、身元はすぐに判明します。死因は溺死で、事故だと誰もが思ったとき、その死体の従妹が殺害されたことから事態は思わぬ方向へ。捜査にあたる刑事トーマスは、幼馴染でサンドハムン島に住む女性法律家ノラの助けを借りて、事態の究明に乗り出します。

本シリーズの裏テーマは、ずばり「夫婦」。待望の子どもを乳幼児突然死症候群で失い、失意のうちに妻と離婚したトーマス。価値観の違う夫や姑にもやもやが溜まっていくノラ。ふたりとも「こんな夫婦でありたい」という理想はあったのに、いざ問題が起きるとその理想通りにいかずに傷つき、責め、悩みます。ノラ夫妻の亀裂は、本書の手に汗握るクライマックスを経て一旦は修復されたようにも見えますが、さて……。

スウェーデン群島の暮らしの描写も読みどころ。丘の上の家、壁に咲くバラ。花模様のついたカッヘル暖炉に、太陽の光がたっぷり差し込むガラス張りのベランダ。子どもを水泳教室に連れていったり、姑とバトルをしたり、幼馴染とコーヒーを飲んだり。そんなささやかだけど大切な生活描写が、辛くて悲しい事件を和らげてくれます。

北欧警察小説であり、トーマスとノラそれぞれの家族小説でもあり、スウェーデンの島の生活もたっぷり味わえる本シリーズ。『静かな水のなかで』は、悲しみの中にあるトーマスとノラを応援せずにはいられない、とても優しいミステリなのです。（大矢博子）

【シリーズ第２作『夏の陽射しのなかで』、シリーズ第３作『煌《きら》めく氷のなかで』まで刊行中】

『町でいちばん賢い猫』

リタ・メイ・ブラウン＆スニーキー・パイ・ブラウン

茅律子／訳

Wish You Were Here, 1990

ハヤカワ・ミステリ文庫

ヴァージニアの小さな町クロゼットで、住民が毒殺されたうえコンクリートミキサーに投げ込まれたり、線路に縛りつけられ列車に轢断されたりという、陰惨な連続殺人が起きる。女性郵便局長ハリーが飼っているトラ猫ミセス・マーフィと、コーギー犬のタッカーは愛する〝ママ〟を護るため、人間などに任せてはおけないと犯人探しに乗り出した——。

猫が登場するミステリは数あれど、この〈トラ猫ミセス・マーフィ〉シリーズはひと味違う。何しろ作者も猫なのだ。だから、人間と動物たちは同じ比重で、それぞれの捜査と推理が並行して描かれる。いや、むしろ動物たちの方が先んじているくらいである。人間たちは彼らが懸命に送るサインにも気づかず、ただ遊んでいるだけだと思っているけれど。

賢く行動力のあるマーフィと呑気もののタッカー、意地汚いデブ猫ピュータ、マーフィの元夫で伊達男（雄）のパディ、ハリーの納屋に棲みつく臆病なオポッサムのサイモンら動物探偵団が、何よりまずこのシリーズの魅力だ。愚かで鈍い人間たちに呆れながらも、動物ならではの能力を活かし、ハンデを乗り越えて事件の真相に迫っていく一方、食べ物や遊びにすぐ気が逸れてしまう辺りいかにも動物らしい。何とも健気で可愛いのだ！

対する人間側も、個性豊かなキャラクターたちが毎回右往左往するが、単にユーモラスなだけではない。住民同士が互いに顔見知りの田舎町も、一皮剝けば保守的な土地柄の弊害や、欲望、憎悪、そしてさまざまな秘密が溢れ出てくる。そんな住民たちの専らの関心事はゴシップ交換で、中でも最大のイベントが殺人事件なのである。レギュラー・キャラすら犯人になりうる、関係が濃密であるがゆえの緊張と昂揚。まさに日常の中の殺人だ。

そして、日常と殺人が入り乱れるように、人間と動物の会話もまた、しばしば（密かに）入り混じる。物事は常に表面の見た目通りではないのだ――人間も動物も。

（笹川吉晴）

〈胸にぐっとくる〉

相棒物ミステリ

BUDDY

いつも隣にいる存在——
あいつがいなきゃ私は私じゃない……。
深い絆、友情、愛情で結ばれた
コンビの活躍にぐっときてください。

『特捜部Q ―檻の中の女―』

ユッシ・エーズラ・オールスン
吉田奈保子／訳
Kvinden i buret, 2007
ハヤカワ・ミステリ文庫

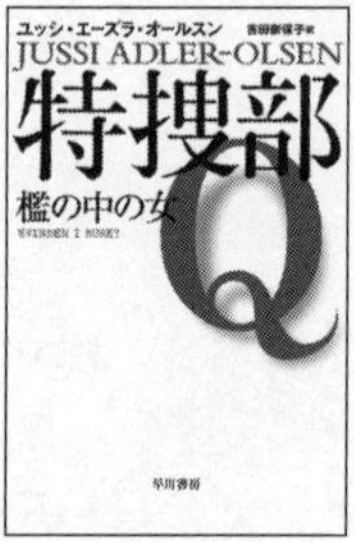

警察小説における異人種間の刑事コンビといえば、年季の入ったミステリファンならジエイムズ・マクルーアの〈クレイマー&ゾンディ〉シリーズを思い出すだろう。同シリーズはアパルトヘイト政策下の南アフリカ共和国を舞台に、白人刑事とバンツー族出身の刑事の友情を描いていた。このシリーズに負けず劣らず異人種間の強い絆を見せているの

が、本書に登場するデンマーク警察のカール警部補とシリア人のアサドだ。カール警部補は捜査官として優秀ながらも、反抗的な態度で厄介者扱いされていた。そんな彼に上司は新部署への異動を命ずる。部署の名は「Q課」。未解決事件を専門に捜査する表向きは政府肝いりのチームだが、実際は古い資料を保管するだけの左遷部署であり、しかも部員はカールとアシスタントのアサドのみ。腐るカールだったが、五年前に起こった女性議員失踪事件に興味を持ったことから意外な展開がはじまる。

本書は北欧発の警察小説の中では最もバディもののエッセンスが濃く、しかも個々のキャラクターが賑やかで楽しい。カールは典型的な一匹狼型の刑事であり、いつも暴走気味で危なっかしい存在だ。だがそのカールも呆気にとられるような強烈な個性の持ち主が、助手のアサドである。アサドは普段は明るく、くだらない冗談ばかりを飛ばす青年だがその素性は全くの謎で、彼自身も秘密主義なところがある。当初はアサドを胡散臭い人物と見なしていたカールだが、ともに危険を乗り越える内に強い信頼関係が生まれていくことになる。読者はその過程に胸を熱くするのだ。

本書は〈特捜部Q〉シリーズの第一作目に当たるが、作品を重ねるにつれコンビの結束は固いものになっていく。二人の掛け合いもどんどんノリが良くなり、二人の会話を拾い読みするだけでお腹いっぱいの気分になる。相棒小説の新定番になりそうな気配だ。（若林踏）

【シリーズは第５作『特捜部Q—知りすぎたマルコ—』（ハヤカワ・ミステリ）まで刊行】

『料理長が多すぎる』

レックス・スタウト
平井イサク／訳
Too Many Cooks, 1938
ハヤカワ・ミステリ文庫

普段はニューヨークの自分の家から外出しない私立探偵ネロ・ウルフが、助手のアーチー・グッドウィンを連れて保養地カノーワ・スパーまで赴いたのは、世界各地から選ばれた名料理長たちの晩餐会の主賓として招待されたからだった。ウルフは、二十五年前に味わって今なお忘れられぬソーセージの製法を料理長のひとりであるベリンから訊き出そう

とするが、すげなく断られてしまう。晩餐会の前日、用意された料理からどの香辛料が抜けているかを言い当てるゲームの最中に殺人事件が起き、ベリンに嫌疑がかかった。ウルフは真犯人を見つけ、ベリンの無実を証明しようとする。

名探偵の助手を「ワトスン役」という呼び方が定着していることから窺えるように、探偵と助手のありようはコナン・ドイルの作品におけるホームズとワトスンが黄金パターンを築き上げたと言っていいが、そこに新たなパターンを追加したのがアメリカ作家レックス・スタウト（一八八六〜一九七五）だ。ネロ・ウルフは美食と蘭を愛する巨漢で、自分から動くことは滅多にない。博識で語学にも堪能ながら一般常識は乏しい。そんな彼の手足となって情報を集める調査員は数人いるが、その筆頭がアーチー・グッドウィンだ。雇い主とは対蹠的に痩身でハンサムな青年で、本人曰く「秘書兼ボディー・ガード兼オフィス・マネージャー兼探偵助手兼犠牲《いけにえ》」。傍若無人なウルフに臆することなく互角に舌戦を繰り広げる彼は、引き立て役ではない、名探偵と対等の立場で魅力を発揮する助手なのだ。両者のやりとりのテンポの良さと互いの信頼関係の描写は、ミステリとしての趣向以上にこのシリーズの最大の読みどころとなっている。

本書をはじめ、『腰ぬけ連盟』『ラバー・バンド』などシリーズ初期の作品に秀作が多いが、後期にも『ネロ・ウルフ対FBI』など読むべき作品がある。　（千街晶之）

『セントラル・パーク事件』

クレイグ・ライス

羽田詩津子／訳

The Sunday Pigeon Murders, 1942

ハヤカワ・ミステリ文庫

相棒小説とでもいえばいいのだろうか。コンビの主人公が登場する作品群がある。名手はフランク・グルーバーで、ジョニー・フレッチャーとサム・C・クラッグが活躍する連作は、二人のキャラクターが前面に押し出された楽しいものだった。クレイグ・ライスには弁護士探偵ジョン・J・マローンとヘレン&ジェイク・ジャスタス夫妻が活躍するシリ

ーズがあるが、もう一つの看板が街灯写真師ビンゴ・リグス&ハンサム・クザックの連作である。『セントラル・パーク事件』のあと、続篇として『七面鳥殺人事件』が書かれ、第三作の『エイプリル・ロビン殺人事件』は遺稿をエド・マクベインが補筆した。『セントラル・パーク事件』の発端はビンゴが一枚の写真を撮ることから始まる。そこには意外な人物が写っていた。五十万ドルの生命保険がかけられた状態で失踪し、死亡認定の期日が数日後に迫っているサンデー・ピジョンという男性だ。大金を儲けるチャンスと考えたビンゴは嫌がるハンサムを説得してピジョンと接触する。彼の身柄をかたにとって、生命保険金の受取人を強請ろうという考えなのである。

本書の素晴らしさは、ビンゴとハンサムがバランスの悪いコンビである点にある。冒険心に富み、物事に首を突っ込みたがるのはビンゴの方だが、実は能力が優れているのはハンサムなのだ。彼は一度見たら決して忘れない記憶力の持ち主で、名前の通り容貌も優れている。ビンゴに撮影を任せて自分はそれをご婦人方に渡す役に徹しているが、実はその技術もハンサムのほうが上なのである。そうしたアンバランスさに目をつぶったまま突っ走っていくビンゴが、現実を直視させられて落胆する場面がある。そこで浮き彫りにされるハンサムとの友情の描き方が素晴らしいのだ。そうでありたいと願っているほど自分は優れていないことに薄々気付いているすべての読者にこの小説を贈りたい。（杉江松恋）

『深い疵』

ネレ・ノイハウス
酒寄進一／訳
Tiefe Wunden, 2009
創元推理文庫

ホロコースト生存者の著名な老ユダヤ人が、自邸にて射殺体で発見される。しかし司法解剖で、なんと彼の体にはナチス親衛隊員の証「血液型の刺青」があることが判明。彼は何者だったのか？　そして、彼を殺したのは一体…？

…という冒頭のツカミが見事な『深い疵』は、心理描写の繊細さと社会認識の骨太さが絶妙にマッチした「ドイツミステリの女王」ノイハウスの代表作の一つだ。

本来的に彼女の作品は、ドイツ中部のタウヌス地方に密着した、所謂「ご当地ミステリ」だ。が、通例その地域での内輪受けに終わりがちなところ、ドイツ全土で、更に海外でブレイクを果たすに至った。何故か？　まず、ナチスやクリーンエネルギー問題といった一般的で厄介なテーマを矮小化せずに把握し、作品に反映させていること。そして「ご当地性」をドイツ社会の一つの類型として表現し、内外に通用する普遍的な面白さと味わいを発揮させていること…等々。このセンスと技量は特筆に価するといえよう。

主人公は「貴族お坊ちゃま」オリヴァー・フォン・ボーデンシュタイン警部と「平民代表」ピア・キルヒホフ警部の男女ペアで、いわゆる凸凹コンビの一種。この両者を通じ、貴族のお屋敷生活&その裏側の見栄ストレス、ドイツ女子の乗馬ラブ&延々続く厩舎の馬糞掃除など、ドイツ生活文化あるある的な要素が垣間見える点もポイントだ。

オリヴァー&ピア、対照的な性格だが、二人はある一点で深く繋がっている。それは「頭が切れる割に心が柔らかい」という特質。論理的な図々しさや権威性が実力以上の効力を発揮しがちなドイツ社会で、彼らの性格は損ばかりする宿命だ。しかしだからこそ、二人の共闘と奮闘は魅力的に映る。英米の警察小説の反骨性とはひと味違う形で、「敵は犯人ばかりでない」のである。

（マライ・メントライン）

『スコッチに涙を託して』

デニス・レヘイン
鎌田三平／訳
A Drink before the War, 1994
角川文庫

いまをときめく著者のキャリアの始まりはここ。内なる至らなさを自覚しながら、正義を貫こうとする人々を探偵小説のフォーマットで描く大型新人の登場に小躍りしたいくらい嬉しくなったっけ。バディもの的にはまずブッバでしょ、なのだが、主役たちの話を先にしておかないとね。ボストンの労働者階級の街の教会に事務所を構える幼なじみのパト

リックとアンジーは探偵コンビ。パトリックは相棒に対して相棒以上の気持ちを抱き、アンジーにも揺れる部分はあるが彼女は既婚者。やはり幼なじみで、見た目も中身も地元一番のナイスガイだったがいまではDV男に成り下がった夫の暴力に耐えている。荒っぽいことには仕事で慣れているはずだが、反撃をしないし、人に口出しもさせず、顔にアザを作る彼女。パトリックには英雄と呼ばれた消防士の父がいたのだが、家庭ではひどい暴力を振るわれて育った。アンジーのつらさがわかる彼は余計に放っておけない。

そんなふたりが依頼を受け、議員のもとから重要な書類を持ち逃げしたという清掃の女性を探す。これがある秘密の蓋を開けることになり、街に死体が積みあがる。危険が生まれると喜ぶのが、そう、我らがブッバだ。その名を聞けば人が震えあがる凶悪な存在。彼は世界でパトリックとアンジーだけを熱烈に愛している最高の忠犬キャラで、ふたりのためなら命でも投げだす勢い。そんなブッバがアンジーにからかわれて照れる場面なんか萌えメーターが振りきれるくらい可愛い、というギャップがいい。三人のホットでクールな軽口のやりとりにも、信頼がにじみ出ている。それぞれつらい生い立ちを抱えていて、おたがいがいたからこそ心が生きてこられた親友同士なのだ。も、大好き。

幼なじみたちの過去は第二作の『闇よ、我が手を取りたまえ』に詳しい。良シリーズなので最終作の『ムーンライト・マイル』までおつきあいを。　（三角和代）

【〈パトリック＆アンジー〉シリーズは全６作】

『初秋』

ロバート・B・パーカー
菊池光／訳
Early Autumn, 1981
ハヤカワ・ミステリ文庫

スペンサー・シリーズの新しさは、従来の激しいアクションを交えたハードボイルド様式に加え、食事や服装、健康にこだわるライフスタイル小説の要素も取り入れたことだった。それともうひとつ、このシリーズは〝相棒〟小説の趣もある。十七歳のとき、ボクシングの試合相手として出会ったホークを筆頭として、ライバルや敵だったガンマンがひと

りまたひとりと仲間になり、頼もしい相棒となっていくのだ。パートナーであるスーザンにしても、良き伴侶というだけではなく、スペンサーの精神的支えとなって、ふたりで苦難をともにしていく。さらには『初秋』で初めて登場し、やがて息子のような存在となるポール・ジャコミンも立派な相棒だ。

離婚した両親の間でキャッチボールのごとくやりとりされ、すべてのことに無関心となり、誰からもかたくなに心を閉ざすようになった十五歳の少年ポール。両親は養育権を争うだけで、息子のことを思いやる優しさはかけらもなかった。こんなろくでもない親に頼ることはできない。スペンサーはポールを田舎の湖畔に連れ出し、自炊しながらふたりきりの生活を始める。そこでスペンサーは「自分が知っていることを教えてやる。おれは大工仕事を知っている。料理の仕方を知っている。殴り方を知っている。行動の仕方を知っている」と言い放ち、ひ弱な少年と真正面から向き合っていく。教えることは山ほどあった。ウエイト・リフティング、ボクシング、ジョギング、薪割り、穴掘り、料理、そして丸太小屋作り……スペンサーはポールに自らの手で人生を切り拓いている術を、身をもって教え込んでいくのだった。最初は何も興味を示さなかったポールだが、徐々に変化が訪れる。このとき、スペンサーはポールに対して対等な立場の人間として接している。ひとりの男として見ているのである。これが相棒となる基本でもあった。（関口苑生）

【〈スペンサー〉シリーズ長篇40作のうち、本書は第7作】

『俺たちの日』

ジョージ・P・ペレケーノス

佐藤耕士／訳

The Big Blowdown, 1996

ハヤカワ・ミステリ文庫

大恐慌の時代に少年たちは育った。移民の多いワシントンDC、貧しかったがそれを意識していなかった。なにくれとなく気にかけてくれる大人がいた。なにしろ仲間がいた。遊んだ。みんなして売られた喧嘩を買いにいった。気になる娘がいた。少年たちは大人になって、世界に適応しようと苦労した。大きな戦争があった。帰ってこなかった仲間もい

た。生き抜いて激戦の地からもどったギリシャ系のピート・カラスとイタリア系のジョー・レセボは、ギャングのみかじめ料取り立ての仕事を請け負っていた。カラスは情に厚く、甘かった。ボスの命令を守らなかった。制裁が待っていた。裏切りが待っていた。田舎町から姉を探しにやってきたマイク少年をきっかけに、とまっていた物語が動きだした。ぷつりと糸が切れて飛んでいったかに思えた友情は心の深い場所に留まっていて、なくなってはいなかった。悪人ではない、善人でもない、完璧ではない男たちは簡単に生きかたを変えることができるほど器用ではなかった。

ハードボイルドのバディもの好きなら、これを読まずには始まらない！　好きなミステリ五つあげてと言われたら、どんなときでも必ず入れる本です。下町を描かせたら天下一品のペレケーノスが、きめ細やかにバラエティに富んだ登場人物の肉付けをしていて、あちらでもこちらでもぐっとくる場面が目白押し。価値観の違いを越えて成り立つ主役たちの友情はもちろんなのだけど、一度会っただけの相手との再会も鳥肌ものの味わい深さ。いかしたセリフも多数。男たちはどんな「俺たちの日」を迎えるのか。いつまでも残る余韻をたくさんの人に経験してほしい。

著者はワシントンDCを舞台に本書と登場人物が重なる作品を発表しているので、気に入ったらほかの作品もぜひ。ペレケーノス、強力お薦めなのです。（三角和代）

『ABC殺人事件』

アガサ・クリスティー

堀内静子／訳

The ABC Murders, 1936

クリスティー文庫

南米で農場を経営するヘイスティングズ氏は、久しぶりにエルキュール・ポアロのもとを訪れた。ヘイスティングズを歓待したポアロが取り出したのは、ABCなる人物から届いた犯罪予告。そして予告どおりアンドーヴァーでアッシャーなる老女が殺された。つづいてベクスヒルでバーナード嬢が殺害された。頭文字Aの土地で頭文字Aの人物が、頭文

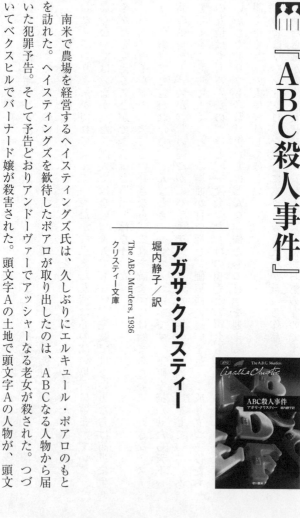

字Bの土地で頭文字Bの人物が殺されたのだ。そして届く第三の予告状——土地はCではじまるチャールストン。ここに殺人者ABCによる連続殺人の幕が切って落とされた！

ポアロとヘイスティングズのコンビは、クリスティーの第一長篇『スタイルズ荘の怪事件』でデビューした。エキセントリックな名探偵の活躍を気のいい紳士が語るというスタイルは、もちろんホームズとワトスンへのオマージュ。ポアロはホームズよりもかわいいキャラなので、ヘイスティングズが語るポアロものは、穏やかな読み心地で読者をもてなしてくれるのだが、本書は趣が異なる。静かなミステリだったこれまでの作品とは違い、現在進行形の連続殺人を阻止するため、ふたりは警察とともに走りどおしなのである。血中アドレナリン濃度の高いヘイスティングズの語りが、作品全体のサスペンスを高めているのだ。クリスティーはいくつかの名トリックや名アイデアを残したが、『ABC殺人事件』もそのひとつ。応用例も多数あるので、できるだけ早めに読むのがベターです。

なお、本書以降、ヘイスティングズの登場しない作品が主になってゆく。ミステリ作家クリスティーの本領はそちらのほうにあるが、このコンビの微笑ましい語り口を愛する向きは『邪悪の家』『もの言えぬ証人』などを是非とも読まれたい。

そして老いたふたりが登場する「ポアロ最後の事件」、『カーテン』。クリスティーの粋を集めた同作は、このコンビでなければ成立しなかった名作なのである。（霜月蒼）

『キングの身代金』

エド・マクベイン

井上一夫／訳

King's Ransom, 1959

ハヤカワ・ミステリ文庫

グレンジャー製靴会社の重役ダグラス・キングは、業績悪化にあえぐ会社を乗っ取ろうとする一派に対抗して、自ら社長に就こうとしていた。長年懸命に働き、ようやく夢が叶おうとしていたが、突然、幼児誘拐事件が発生した。誘拐されたのはキングの息子ではなかった。犯人は間違ってお抱え運転手の息子を誘拐したのだ。だが犯人にとっては誰の息

子でもかまわなかった。キングに身代金五十万ドルを払わせればいいだけだ。通報を受け、スティーヴ・キャレラら八七分署の刑事がキング邸に駆けつけ、対応策を講じる。一方キングは、身代金を払うと夢を叶える資金を失うことになるため、苦悩するが……。

アイソラという架空の都市（ニューヨークがモデル）を舞台にした警察小説〈八七分署シリーズ〉の第十作で、中心的な役割を果たすのはスティーヴ・キャレラという二級刑事。キャレラは正義感の強い男で、この作品でもそれをいかんなく発揮する。〈八七分署シリーズ〉は刑事たちの群像を描いたものなので、刑事全員が相棒といえるが、この作品ではキャレラとマイヤー・マイヤー二級刑事のからみが多いので、キャレラにとって彼が相棒といえるかもしれない。禿げ頭のマイヤー・マイヤーは父が高齢のときの子で、それを喜ばない父が腹いせにマイヤーをふたつつけたという変わった名前の持ち主。この名前をからかわれて育った彼は辛抱強くなり、いまでは分署でいちばん辛抱強い。キャレラとこのマイヤー・マイヤーのやりとりはとても楽しい。

誘拐犯の男も二人いて、いわば相棒の関係。どこか憎めない男と美しい妻、そしてその男の乱暴で冷徹な相棒。この三人のやりとりがまたサスペンスを盛り上げていく。

この作品をもとに黒澤明監督が《天国と地獄》をつくっている。小説と映画、ふたつを比べてみれば、いっそう面白さは増すだろう。（松木孝）

【シリーズは長篇全53作】

〈もはや一大ジャンル〉

北欧ミステリ

SCANDINAVIA

ここには美しく厳しい自然と、
そこに呼応するかのような
美しくも残忍な事件の影が存在します。
いまやミステリの一大ジャンル。この勢いを体感あれ。

『MORSE―モールス―』上下

ヨン・アイヴィデ・リンドクヴィスト
富永和子／訳
Låt den rätte komma in, 2004
ハヤカワ文庫NV

ルーマニアの古い伝承が、ブラム・ストーカーの小説によって一躍有名となり、さらにスティーヴン・キングが七十年代のアメリカにモダンホラーとして甦らせたドラキュラ伝説。ヨン・アイヴィデ・リンドクヴィストの『MORSE―モールス―』は、二十一世紀の北欧スウェーデンに出現した、吸血鬼小説のハイブリッドと呼んでいいだろう。

友だちもいない、苛められっ子のオスカルは、ある寒い晩、隣に越してきたエリと名乗る少女とジャングルジムで出会った。ルービックキューブの貸し借りから二人の仲は近づくが、エリには不思議なところがあった。キャンディが食べられないこと、出歩くのはいつも夜であること、そして許可をしないと絶対に部屋には入ってこないこと。やがて彼らの暮すブラッケベリの町では、奇妙な事件に次々見舞われていく。

デビュー前は芸人だったというリンドクヴィストは、二〇〇四年に本作で小説家デビュー。キングの小説に熱をあげるホラーおたくの少年が主人公ということからもわかるように、モダンホラーを通過した新世代の恐怖小説作家といえるだろう。吸血鬼を招きいれる際のキーワード「正しき者を招き入れよ」を意味する本作の原題は、贔屓のミュージシャンであるモリッシーの曲のタイトルにも掛けられているようだ。

小説の成功を受けて製作された映画《ぼくのエリ 200歳の少女》(二〇〇八)では、作者自身が脚本を担当し、オスカルとエリの心の交流に重きをおいて製作された。その際、パニックがブラッケビリの町を飲み込んでいく展開や、事件を取り巻く人間模様や吸血のメカニズムまでが克明に語られる原作の後半部分は積み残されたが、そちらに重心を移すかと思われたハリウッドでの再映画化作《モールス》(二〇一〇)も、先の映画に忠実なリメイクに留まった。

(三橋暁)

『キリング』（1～4）

デイヴィッド・ヒューソン
ソーラン・スヴァイストロップ（原作）
山本やよい／訳
The Killing, 2012
ハヤカワ・ミステリ文庫

デンマークで二〇〇七年に放送され、記録的な高視聴率を叩き出したテレビドラマ《THE KILLING／キリング》は、北欧各国はもちろん、イギリスでも放送されて評判となり、英国アカデミー賞国際シリーズ作品賞を受賞した。日本でもCSで放送され、DVDも発売されている。

デンマークの首都コペンハーゲンを舞台に、少女殺害事件の波紋と捜査をじっくりと描き出すこのドラマは、二十日間にわたる出来事を全二十回で放送。捜査にあたるサラ・ルンド刑事が、別れた夫との間の一人息子を連れてスウェーデン人の恋人と結婚することになって移住を決め、警察を退職するまさにその日に事件が発生する。当初は渋々、やがて事件と被害者の少女に取りつかれたかのように、移住も結婚も延期して捜査にのめりこむ彼女の姿は、演じたソフィー・グローベールの熱演も相まって大人気となった。劇中で彼女が愛用するセーターの売れ行きが急増したというエピソードも伝わっている。

こうした人気を背景に、ドラマのノヴェライズがイギリスで企画され、イギリス人作家のヒューソンが執筆するという、国際的な作品となったのが本作だ。ノヴェライズというと、シナリオをなぞっただけの薄っぺらい内容を想像しがちだが、本書は一九八六年にデビューし、『死者の季節』などの邦訳も多いベテラン作家が手掛けただけに、単なるあらすじ小説にはなっていない。原作ドラマ同様にじっくりと描きだされた物語は、時にドラマ以上の迫力をもって読者に迫る。特筆すべきはラストで、ドラマをさらに上回るショックを読者に与えてくれる。

なお、原作ドラマはアメリカで二〇一一年にリメイクされた。《THE KILLING～闇に眠る美少女》のタイトルで日本でも放送され、DVD発売もされている。（H・K）

【4巻のタイトルは、『キリング1　事件』『キリング2　捜査』『キリング3　逆転』『キリング4　解決』】

『五番目の女』上下

ヘニング・マンケル
柳沢由実子／訳
Den femte kvinnan, 1996
創元推理文庫

ヘニング・マンケルのクルト・ヴァランダー・シリーズは、警察小説のお手本というべき構造を備えている。はじめに複数の事実の欠片が提示される。シリーズ第六作にあたる『五番目の女』では、花屋に強盗が押し入り、捜査の結果店の主人が行方不明になっていることが判るという不可解な一件と、元自動車販売業者の老人が竹槍で刺殺されるという

事件が並行して提示される。複数の捜査が進行するうちに間にあるつながりが見えてきて、事件が巨大化していくというのは警察捜査小説の定石だ。『五番目の女』の場合は比較的早期にミッシング・リンクが発見されるのだが、そこからの展開が凄い。捜査にあたるヴァランダーたちにはどんな犯人を相手どっているかが判っているのに、それが誰かを特定することができず、右往左往し続けるのである。つまり、謎解きの開始から決着までの過程が果てしなく長い。事件がどのような背景で引き起こされたのかを真に理解しないと謎解きが完了しないように計算されて書かれているのだ。言い換えると、犯人の個人的な事情が社会という大状況へと接続された瞬間に物語は終わる。

スウェーデン・ミステリの中興の祖は一九六〇年代に活躍したマイ・シューヴァル&ペール・ヴァールーだが、マンケルは彼らのマルティン・ベック・シリーズを意識して本シリーズを書いている。作中に大状況を描きこむ手法は明らかにマルティン・ベックを意識したものだ。一九六〇年代と現在の最大の違いは、社会の国際化が進展していることで、マンケル作品ではしばしば国境を越えて事件が展開する。人間を描くためには拠って立つ土台についての理解が不可欠である。それがマンケルが先人から学んだ作家としての基本姿勢であり、同じ北欧圏の作家たちにも共有されている理念だ。表面をなぞるだけでは収まらず、その内奥にあるものを追究したくなる小説なのである。（杉江松恋）

【〈クルト・ヴァランダー〉シリーズは第８作『ファイアーウォール』（創元推理文庫）まで翻訳刊行されている】

『悪童』

カミラ・レックバリ
富山クラーソン陽子／訳
Stenhuggaren, 2005
集英社文庫

北欧というと、シンプルでスタイリッシュな家具や、かわいい色使いのテキスタイルなど、おしゃれでスマートなイメージがあるが、北欧ミステリはおしゃれでもスマートでもない。どちらかというと「骨太」な感じがする。それぞれの国や地域が抱える社会問題を扱ったものが多く、いずれも深刻なその問題と、登場人物たちががっつり向き合っているからだ。スウェーデン作家、カミラ・レックバリの〈エリカ&パトリック事件簿〉シリーズも例外ではない。

シリーズ三作目の『悪童』では、虐待、ドメスティック・バイオレンス、発達障害に対する不理解、小児性愛といった深刻な社会問題はもちろん、育児ノイローゼや不倫、ご近所トラブル、口うるさい母や姑といった、どこにでもありそうな悩みにもスポットを当てる。そういった悩みはいつも日常生活のなかに潜んでいる。人びとの暮らしをつぶさに描き、家庭生活のなかで起こる問題に目を向けるのも、このシリーズの特徴といえるだろう。多視点で描かれるので、いろいろな家庭の様子がわかるのも興味深い。

一方、深刻な社会問題を扱っていながら、ほかの北欧ミステリに比べて格段に明るいのも、『悪童』の特徴だ。主人公のエリカが生後二カ月の娘マヤに振りまわされて一喜一憂する様子や、そのマヤの成長ぶり、忙しくてエリカやマヤをかまってやれず、うしろめたく思うパトリックのやさしさや、突然現れた息子におろおろする警察署長メルバリのエピソードは、読んでいてほのぼのするし、くどくど小言を言いながらやたらとはりきってエリカの家で家事をする姑のクリスティーナにしても、エリカにとってはうんざりなのだろうが、どこか微笑ましい。事件そのものは子供殺しという暗く陰鬱なものなので、この明るさは救いだ。

（上條ひろみ）

【シリーズ第１作は『氷姫』、第２作は『説教師』】

『湿地』

アーナルデュル・インドリダソン
柳沢由実子／訳
Myrin, 2000
創元推理文庫

北欧ミステリは人気だが、まだアイスランドの作品は馴染みが薄い。アーナルデュル・インドリダソンの日本初紹介作となる『湿地』は、『ミステリが読みたい！　２０１３年版』海外篇の一位に輝き、アイスランド・ミステリのクオリティを知らしめたといえる。

二〇〇一年のレイキャヴィク。湿地帯にあるアパートの半地下の部屋で、独居老人のホルベルクが撲殺された。犯人は証拠隠滅をしておらず、警察は単純な「アイスランドの殺人」と考えるが、唯一の例外は、現場に謎のメッセージが残されていたことだった。この矛盾に戸惑いながらも捜査を続けるエーレンデュルは、被害者の部屋で、一九六八年に四歳で亡くなったウイドルの墓石の写真を発見、被害者と少女の関係を追うことになる。

人口約三三万人、数世代も遡れば誰かと繋がっているほど地縁血縁が濃いアイスランドが舞台だけに、エーレンデュルの捜査は、ホルベルクの知られざる過去に行き着く。それだけに、典型的な「アイスランドの殺人」が、杜撰さとは正反対の動機で実行された意外性はもちろん、アイスランド社会が生んだ事件の後味の悪さにも衝撃を受けるのではないか。雨が降りしきるレイキャヴィク、ホルベルクの泥沼の人生を象徴するかのような湿地帯といったアイスランドの風土が、陰鬱な事件を忘れ難くしているのも間違いあるまい。

事件を追うエーレンデュルは、アイスランド社会の〝闇〟も暴いてしまうが、これは日本でも起こる可能性があるので、生々しく感じられるはずだ。ホルベルクの死が浮かび上がらせた〝闇〟は、麻薬に溺れ、しかも妊娠している娘のエヴァ゠リンドがいるエーレンデュルの複雑な家庭環境とも共鳴しているので、家族の物語としても楽しめるのである。『湿地』はシリーズ化され、『緑衣の女』と『声』が翻訳された。エーレンデュルが挑む社会問題も、家族の悩みもシリーズが進むにつれより大きくなっている。

（末國善己）

『刑事マルティン・ベック 笑う警官』

マイ・シューヴァル
ペール・ヴァールー
柳沢由実子／訳
Den Skrattande Polisen, 1968
角川文庫

次々に傑作や話題作が誕生して、いまや世界中から注目される北欧ミステリだが、本作はその海外での評価のルーツともいうべき作品。

『笑う警官』は、スウェーデンのマイ・シューヴァルとペール・ヴァールーの夫婦作家が、ストックホルム市警察殺人課の警部を主人公にした〈マルティン・ベック・シリーズ〉の第四作（一九六八年）として発表した。シリーズは一九六五年の『ロセアンナ』を皮切りに、一九七五年の『テロリスト』までの間、毎年一作ずつを発表し、計十作でスウェーデン社会の十年間の移り変わりを犯罪を通して描きだすという、大河警察小説。したがって、登場人物や事件はシリーズ前作までを踏まえたものになっているのだが、そうした事情を無視してでも、この『笑う警官』は単独作として充分にインパクトのある作品だ。実際、日本では前作のシリーズ第三作『バルコニーの男』から訳出が開始され、本作は第二弾の紹介となったのだが、発表順に紹介されなかったにもかかわらず、高い評価を得ている。また英米でも本作への評価は高く、一九七一年のアメリカ探偵作家クラブ（MWA）賞では見事に最優秀長篇賞を受賞した。ちなみに一九五四年から現在まで続く同賞で、英語圏以外の翻訳作品で最優秀長篇賞を受賞したのは、本作のみである。

ストックホルム市郊外を走る路線バスの車内で、マシンガンの乱射事件が発生し、乗員乗客のほぼ全員が死亡。手がかりは皆無に近く、マルティン・ベック率いる殺人課は、乗客一人一人の背景を探ることで犯行の動機を解明して犯人に迫ろうとする。

犠牲者の一人に殺人課の若い刑事を配するなど、シリーズを通してのドラマも配されているが、これはエド・マクベインの〈八七分署シリーズ〉を思わせる。著者は同シリーズのスウェーデン語翻訳を手掛けていたのだから、それも当然だろう。（H・K）

『催眠』上下

ラーシュ・ケプレル
ヘレンハルメ美穂／訳
Hypnotisören, 2009
ハヤカワ・ミステリ文庫

近年、世界各地で人気の北欧ミステリ。とあるスウェーデン人作家が「外国では北欧というだけで、夏の話でも寒々しい絵が表紙に使われる」とぼやいていたが、『催眠』は正真正銘、真冬の物語である。

ラーシュ・ケプレルという作家はストーリーも一流だが、なにより雰囲気作りに長けている。冬のストックホルムの描写はいかにも寒そうで、雪深い北スウェーデンは静謐そのもの。物語の要となる催眠状態の描写も鮮やかで、映像が目に浮かぶようだ。スウェーデンのミステリといえば社会派警察小説が主流だが、ケプレルは少々作風が異なり、映画的な臨場感やスピード感を前面に押し出す。そして、ムード作りの巧みなケプレルは、恐怖を演出するのもじつにうまい。

発端は一家惨殺事件だ。十五歳の長男は一命をとりとめたものの意識がはっきりせず、長女が行方不明。一刻も早く長女の行方と犯人像をつかみたい警察は、催眠療法士を呼び出し、長男に催眠をかけて証言を引き出そうとする。が、これが仇となって、事態は思わぬ方向へ……。

予想のつかない悪夢じみたストーリーも怖いのだが、特筆すべきはそれを盛り上げる細かな描写だ。たとえば、家の中で「鋼の刃に似たなにかが背後できらりと」光ったりする。なんのことはない、子どものスケート靴だとすぐにわかるのだが、こんなギクリとさせる描写がちりばめられているせいで、じわじわと落ち着かなくなってくる。そうして緊張しきっているところ、後ろから「わっ！」と驚かされる、そんな展開の連続なのだ。

スウェーデンの人気作家による、背筋も凍る真冬のサイコサスペンス。そうそう、日本発のとあるものが重要なモチーフとなっていることにもご注目を。（ヘレンハルメ美穂）

『黄昏に眠る秋』

ヨハン・テオリン
三角和代／訳
Skumtimmen, 2007
ハヤカワ・ミステリ文庫

スウェーデンのエーランド島を舞台にした四部作の冒頭を飾る作品。薄曇りの空に静謐な北欧音楽が流れるようなテイストでじっくりと噛みしめたい内容だ。

霧に呑まれて幼いイェンスが島から消えた。それから二十数年。突然、初の手がかりが匿名で届けられ、いまでは高齢者施設で暮らす祖父イェルロフと、長年絶望のなかに生きてきた母ユリアはあらためて少年探しを再開する。

そう、本書の探偵役は「戦うおじいちゃん」。少なくとも表向きは強気な描かれ方の印象のある英米の高齢者とちがって達観の境地にあるのは、厳しい気候に揉まれた北の地らしさといえるのかもしれない。老いぼれと見なされて蔑まれがちなイェルロフは、リューマチを抱えて物忘れはしても思考力は衰え知らず。バルト海で貨物船の船長だった頃に培った判断力で、断片をつなぎあわせていく。あくまでも静かに地味に。思わず応援したくなるキャラクターなのだ。事件をきっかけに娘とのあいだに入っていた亀裂が修復できるかというドラマも読みどころ。子が行方不明になって、乗り越えられるはずもないことを理解しない周囲の対応に孤独を募らせるユリアの姿が痛ましい。

随所に描かれる過去の島のエピソードや、民話に詳しいイェルロフが披露するゴースト・ストーリーも雰囲気作りに手を貸し、エーランド島という影の主役を際立たせて、読後はこの島の印象が鮮烈に残る。作中で繰り返し使われる黄昏のモチーフは、登場人物の人生の黄昏にも通じ、思わずため息をつきたくなる切なさがある。でも、ここには紛れもない希望の光もあった。弱い光のなかにあってこそ引き立つ温かさを自然にそして巧みに描いてみせ、そしてよくできた人間ドラマに終わらせない展開にも嬉しくなる。スウェーデン推理作家アカデミー賞、英国推理作家協会賞の両新人賞受賞作。（三角和代）

『極夜（カーモス）』

ジェイムズ・トンプソン
高里ひろ／訳
Snow Angels, 2009
集英社文庫

ジェイムズ・トンプソンの『極夜』『凍氷』『白の迷路』という三部作は、まとめて語るべきだろう。まず第一作『極夜』はフィンランド最北部の地ラップランドを舞台に、小さな地方警察の署長カリ・ヴァーラが若く美しい黒人女性殺害事件の謎を追う警察小説である。個性豊かな登場人物を自在に操って、奥行きのあるドラマを鮮やかに描いた。ちな

みにジェイムズ・トンプソンは、細君はフィンランド人ながら本人はヘルシンキ在住のアメリカ人だ。カリ・ヴァーラの細君がアメリカ人という設定との類似は興味深い。

第二作『凍氷』も傑作だ。共産主義者とユダヤ人を大量虐殺した捕虜収容所がフィンランドにあり、そこで働いていたフィンランド人の生き残りの引き渡しをドイツが要求してくるというのがこの第二作。その生き残りのフィンランド人は実は国の英雄でもあるので簡単には引き渡せないという事情がフィンランドにはある。そこで、彼が無罪である証拠を見つけるか、やかましいドイツを説得するだけの嘘をでっちあげて来いとカリは上司に命令される。同時に、ロシア人富豪の妻が死体で発見された事件も調べていくのだが、こちらもたっぷりと読ませて飽きさせない。

この第二作ではヘルシンキが舞台となっているが、それでもまだここまでは「フィンランドの警察小説」の枠内にある。政治的な背景が物語に色濃く影を落としているのは北欧ミステリー特有の傾向で、ジェイムズ・トンプソンも例外ではないが、問題は第三作『白の迷路』で通常の警察小説を離れてしまうことだろう。カリ・ヴァーラは非合法の特殊部隊を指揮して犯罪者の上前をはねるのである。つまり警察小説から暗黒小説に、物語の形態を変えていくのだ。こんなヘンな三部作、見たことがない。作者の死によって、このシリーズがこのあとどこに向かうつもりだったのかを確認できないのは残念だ。（北上次郎）

『コマドリの賭け』

ジョー・ネスボ
井野上悦子／訳
Rødstrupe, 2000
ランダムハウス講談社文庫

近年紹介が活発な北欧ミステリの特徴の一つに、現代史の暗部を描くというものがある。例えばヘニング・マンケルの『タンゴステップ』は第二次世界大戦とスウェーデンの関係が書かれているし、ジェイムズ・トンプソン『凍氷』ではユダヤ人虐殺に加担した疑いのあるフィンランドの老人がキーパーソンとして登場する。

このように普段、英米圏のミステリではスポットの当てられることのない北欧の現代史をテーマにした小説のなかでは、ノルウェーのジョー・ネスボによる本書が現時点の最高傑作と呼べるだろう。本書は〈ハリー・ホーレ〉シリーズの第三作に当たり、CWAインターナショナル・ダガー賞の候補にもなるなど、国際的評価の高い作品だ。

一九九九年、ひとりの老人がネオナチに接触し、一丁のライフルを密かに手に入れた。究極の殺人兵器とも呼ばれる暗殺用の銃を、果たして老人は何に使う気なのか。オスロ警察のハリー・ホーレ警部は老人の目的を捜査し始める。

正体の見えない犯人とその計画を必死で追跡する捜査官、という展開は〝暗殺もの〟の名作であるフレデリック・フォーサイス『ジャッカルの日』を彷彿とさせ、最後まで油断のならないサスペンスを孕んで読者を満足させる。

だが本書の魅力はそれだけではない。ハリーの捜査と並行して描かれるのは、ナチス占領下のノルウェーで外国人志願兵と参戦した若者たちの物語だ。ヒトラーを信じ、祖国のために戦った彼らが、戦後は一転、反逆者として後ろ指をさされる存在になったのは、まさに歴史に埋もれた悲劇である。ネスボはそうした敗者の背負う語られざる歴史の物語を、現代と過去を往還しながら白日のもとに曝していく。本書は娯楽要素をたっぷり詰め込んだミステリであると同時に、壮大なスケールを持つ歴史小説の秀作なのだ。

（若林踏）

〔風土色豊か〕

英米圏以外のミステリ

WORLDWIDE

名作ミステリは英米以外にもこんなに！
フランス、イタリア、ドイツ、スペインなどなど、
各国の特徴ある作品を比べて
楽しんでみてください。

英米

『麗しのオルタンス』

ジャック・ルーボー

高橋啓／訳

La Belle Hortense, 1985

創元推理文庫

フランスの数学者兼詩人ジャック・ルーボーが書いた小説『麗しのオルタンス』には、金物屋にまつわる連続テロ事件、という犯罪事件が「いちおう」用意されています。用意したのをいいことに、この小説は、犯罪の謎と解明という探偵小説のフォーマットを口実にして前進しつつ、そこからどんどん脱線していくのです。

こういう小説は、そこそこ幅広い支持を得つつ、支持しない層には無関心ではなく敵意をもって迎えられるタイプの小説なのです。作者や登場人物は、駄洒落や仄めかしの笑いを無節操に繰り出します。支持層「バカだねー！（笑）」、非支持層「バカじゃねーの？」。若いヒロインはお色気を全世界に向けて平等に振りまきます。支持層「エロい❤」、非支持層「くだらねえ」。以下、作中に埋め込まれた、数学・音楽・哲学にまつわる果てしなく知的な冗談も、パリらしく恋と食と人生を楽しんでいる登場人物（＆猫）たちも、メタフィクション的な自己言及性も、非支持層にとっては「知的《オシャレ》ぶってんじゃねえよ」だけど、支持層にとってはそれで白米三杯はいける。

ひとことで言うと「物語」の力と「散文」の力の絶妙な拮抗。そして最終的にギリギリで「散文」がおさめる勝利。あ、ふたことになってしまった。探偵小説の「謎—解明」図式は、結末へと一直線に、機能的に突っ走ろうとします。無駄を削ぎ落とし、脱線を嫌い、小説の力を単一の「物語」へと統合しようとします。ところが「散文」は、他愛ない世間話を凶暴化したようなものです。脱線するし飛躍するし自己言及する。

本書はシリーズ既刊三作の第一作で、二作目以降は冒険小説のフォーマットを適用しています。じつは六部作になる予定だったというだけあって、第三作も「え？　この続きは？」とやきもきさせたまま終わってしまう！　続きも訳されるべきです。（千野帽子）

英米

『裏返しの男』

フレッド・ヴァルガス

田中千春／訳

L'Homme à l'envers, 1999

創元推理文庫

アルプス山中の小村で何頭もの羊が殺される事件が連続。人々は残された咬み痕から巨大な狼が羊を狩っているのだと噂した。狼狩りも効果がないままに、とうとう人間の被害者が出た。しかし狼が人間を襲うなど考えられない。被害者も狼の性質を知悉していたはずだ。狼の保護観察のためにカナダから訪れていたグリズリー研究者は、被害者が人狼の

存在をほのめかしていたと証言。伝説では、人狼はふだん体毛を身体の内側に隠していて、夜になるとそれが裏返って狼男になるのだという。そして人狼だと目されていた無毛症の男が失踪していることが判明。被害者に雇われていた老羊飼いと、被害者の養子である黒人青年が、村に滞在中の作曲家カミーユと共に、追跡を開始するのだが……。

フランス・ミステリ界の女王といわれるフレッド・ヴァルガスは、日本では本格派と捉えられているが、いわゆる英米型の本格とは大いに異なる。中でも『裏返しの男』はとびきりの異色作だ。現代を舞台に狼男による連続殺人という、それこそ江戸川乱歩ばりのシチュエーションを設定した怪奇幻想譚でありながら、後半からはユーモア溢れるロード・ムービー風の展開となり、アルプス山中の風光と相俟って、詩的で幻想的で童話めいた雰囲気が醸し出されている。

こうした奇妙な事件はまともな警察官では解決できまい、というわけで、『青チョークの男』でデビューしたパリ第五区警察署長ジャン＝バチスト・アダムズベルクが再登場。茫洋としたイメージを未整理のまま頭の中に漂わせていながら、いつのまにか真相に到達し、奇妙な連続殺人の謎が解き明かされていく。『青チョークの男』の最後で別れた恋人カミーユとの関係がどう転がるかという興味が物語に絡んできて、ロマンスも充分な、フランスならではのしゃれた奇想ミステリだ。

（横井司）

英米

『マーチ博士の四人の息子』

ブリジット・オベール

堀茂樹、藤本優子／訳

Les Quatre Fils du Dr. March, 1992

ハヤカワ・ミステリ文庫

フランスの本格ミステリは、英米の本格ものと比べると、どこか焦点が合っていないような、不思議な印象を与える。古くは、ベルギー生まれのフランス作家スタニスラス＝アンドレ・ステーマンなどがその典型で、ドンデン返しの技巧に意を注ぎ、英米風の小説的装飾を抑えたその作風は、ブリジット・オベールにも共通しているように思われる。

舞台はアメリカ北部の田舎町に住む医師マーチ博士の館。そこにメイドとして雇われたジニーは、ひょんなことから殺人者の日記を見つけてしまう。子どもの頃から殺人の衝動にとらわれていた彼は、最近になってその衝動を抑え切れず、女性を殺してしまい、それを日記に書き記していたのである。マーチ博士邸には四人の息子がおり、病気がちの母親はそのうちの一人が殺人鬼ではないかと気づいているようだが何もしない。容疑者はたった四人だが、四つ子であるため見分けがつかず、なかなか特定できない。前科者で逃亡中のジニーは警察に訴え出ることもできず、孤軍奮闘することになるのだが……。

物語は、殺人者の日記とジニーの日記とが交互に示される形で進行する。途中から殺人者はジニーが日記を盗み読みしていることに気づき、ジニーを挑発。ジニーもまた負けじと挑発するという具合で、二人の丁々発止のやりとりがサスペンスを高めている。各章のタイトルが象徴しているように、それはまるでテニスの試合のような印象すら与える。

本書は、いわゆる新本格ミステリー十周年の節目の年に訳され、フランスにもこういう作家がいるのかと話題をまいた。オベールはこの後も、全身麻痺で目が見えず口も利けないヒロインがシリアル・キラーに対抗する謎解き篇『森の死神』で、本格ファンを驚倒させる。アガサ・クリスティーのプロットに基づきながら、こんなふうに変奏してしまうフランス・ミステリは、どこかクセになる奇妙な魅力に溢れている。（横井司）

英米

『黄色い部屋の秘密』

ガストン・ルルー
日影丈吉／訳
Le Mystère de la Chambre Jaune, 1907
ハヤカワ・ミステリ文庫

ガストン・ルルーの『黄色い部屋の秘密』（一九〇七）と聞いて、何を思い浮かべるかと問われたら、大抵の人は「密室トリック」と答えるだろう。実際この作品はポーの『モルグ街の殺人』（一八四一）に始まり、ザングウィルの『ビッグ・ボウの殺人』（一八九一）、ドイルの『まだらの紐』（一八九二）に続き、その後チェスタートンの

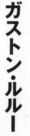

『ムーン・クレサントの奇跡』（一九二六）、カーの『三つの棺』（一九三五）につながる初期の密室トリック小説の中核を担っている。まさに密室トリック小説の古典である。

そもそも、人はどうして密室トリックに惹かれるのか？　それは不可能としか思われないもの（ミステリー）を可能なものとして説明するという推理小説の本質がこの密室トリックに凝縮されているからである。ある部屋で、誰かが殺される。だが、ドアや窓は内側から閉まっている。それでは犯人はいったいどうやって外に出たのか？　そうした密室トリックのパターンについては、前掲の『三つの棺』のなかでカーが詳しく分析しているが、この小説でも密室の謎はミステリー（神秘）のまま終わらず、論理でみごとに解明されている。これから推理小説を読もうとする人は押さえておく必要がある作品だろう。

もうひとつ、『黄色い部屋の秘密』の特徴をあげると、それはこの小説がロマン・フィユトンだということである。ロマン・フィユトンとは、当時フランスで隆盛だった新聞連載小説のことで、題材には犯罪や家族の悲劇などが取りあげられた。その血を引いて、この作品には「論理」とは別に「情念」が内包されている。その意味でもきわめてフランス的である。内外の研究家たちによると、この小説の裏には「オイディプス王の悲劇」が隠されているという。それが『黄色い部屋の秘密』の秘密だと……。本書をひもといて、その秘密を探るのも一興だろう。

（高野優）

【高野優氏による新訳版を早川書房より刊行予定】
【創元推理文庫からは『黄色い部屋の謎』のタイトルで刊行】

英米

『シンデレラの罠』

セバスチアン・ジャプリゾ

平岡敦／訳

Piège pour Cendrillon, 1962

創元推理文庫

小粒ながらひねりの効いた設定と切れ味のいい結末で読者をうならせる作品が、フランスミステリにはいくつもある。例えば『わらの女』（カトリーヌ・アルレー）や『殺人交叉点』（フレッド・カサック）、『悪魔のような女』（ボアロー＆ナルスジャック）など。なかでも『シンデレラの罠』は、そんなフランス流サスペンスのイメージを決定づけ

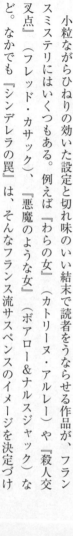

た一作と言っていいだろう。

ともかく謳い文句が凄かった。「わたしが語るのは、殺人事件の物語です。わたしはその事件の探偵です。そして証人です。また被害者です。さらには犯人です。わたしは四人全部なのです。いったいわたしは何者でしょう?」というのだから、好奇心を掻き立てられずにはいられない。「昔、あるところに、三人の娘がいた」という書き出しのお伽話風プロローグも、タイトルと相まって不思議な魅力を醸している。

物語は、火事で全身に火傷を負い、意識不明に陥っていたヒロインが目覚めるところから始まる。彼女は事故のショックで記憶を失い、自分が誰かわからない。まわりのみんなは、億万長者の相続人ミシェルだと言う。けれども本当は、火事で死んだとされている友達のドムニカのほうなのではないか? こうしてヒロインの《自分探し》が始まるが、次々に意外な事実が判明してその行方は二転、三転する。どこまで行っても自らの正《アイデン》体《ティティ》がするりと手からすべり落ちてしまうようなもどかしさと不安感に、読者も胸をふさがれる思いがするはずだ。ミシェルなのかドムニカなのかという謎の答えは、最後の最後になって《シンデレラの罠》という一語により鮮やかに明かされるが、それでもなお一抹の疑念が、読者のなかに残るかもしれない。あたかも騙し絵のように、地《じ》と図《ず》が果てしなく反転し続けるめまいにも似た感覚にこそ、この作品の真価がある。

（平岡敦）

英米

『謝罪代行社』上下

ゾラン・ドヴェンカー
小津薫／訳
Sorry, 2010
ハヤカワ・ミステリ文庫

タイトルだけみると、少々ふざけた感じのユーモア・ミステリかなと思われるかもしれないが、冒頭の残虐な殺人シーンの描写に、そんな先入観はぶっ飛んでしまう。

大学は出たものの思うような人生を歩むことができず、悶々と過ごしていた四人の若者が、依頼者に代わり相手方に謝罪するというビジネスを思いつく。これが予想以上に世間に受け入れられ、順調に発展していくものと思われた。しかし、謝罪するために訪れたマンションの一室で、磔にされた女性の死体に出会ったことから、歯車が狂い始める。そこには、MDレコーダや若者達がそれぞれに大切に思っている近親者の写真が置かれ、姿の見えない依頼人は、彼等に、死体に向かって謝罪するだけでなく、始末をも命じるのだった。否応なく事件に巻き込まれてしまった四人は、次々に襲いかかる不条理な情況に翻弄され、更には、新たな悲劇に見舞われることになる。

非常に巧妙にしつらえられた作品である。何故なら、予想を超えたストーリーが展開するだけでなく、時間の流れが、「以後に起きたこと」「以前に起きたこと」「あいだで起きたこと」と、アトランダムに変化し、その流れの中で、視点は、一人称、二人称、三人称とめまぐるしく変わり、読者をも翻弄してしまうからである。が、まずは、読者を飽きさせることのない作者のストーリー・テリングの才に身をまかせ、ジェットコースターに乗ってしまった気分で、はらはらドキドキさせられながら読み進むのも一手かもしれない。そうすれば、読み終わったとき、英米のミステリとは異質な、どことなくシュールな感覚に包まれながら、作者の緻密な企みの数々に気づかされるという、ミステリならではのカタルシスを存分に味わえるからである。

ドイツ・ミステリの奥深さと多面性を実感させてくれる一冊である。

（穂井田直美）

英米

『犯罪』

フェルディナント・フォン・シーラッハ

酒寄進一／訳

Verbrechen, 2009

創元推理文庫

ドイツ名門貴族の末裔であるシーラッハは、伝統的な教養人であり、著名なエリート弁護士であり、大きなお世話ながら祖父がナチスの最高幹部だった。その彼が著した「ミステリとしても読める」短篇集『犯罪』は、出版とともにドイツ国内で大反響を呼んだ。まずは作者の生い立ちと社会的地位ゆえに。そして、そのあまりに鮮やかな筆致ゆえに。

『犯罪』は、作者が弁護士活動を通じて体験した実話、というかその要素をもとにした十一の物語である。犯罪の意味とは、本質とは何か。人間心理の多面的な深層がシンプルな表現のもとに、読者の固定観念に深々と突き刺さり、揺さぶりをかける。一見、「多面的」と「シンプル」の語の間には矛盾があるように思える。だが、それが破綻なく自然に両立してしまうのがシーラッハの凄さなのだ。

文芸というのは、現実を形式化して純度を上げ、エッセンスにした存在だ。

……これはシーラッハ本人の言葉である。彼の作品はまさにこの理念を過不足なく具現化したものといえるだろう。巷間しばしば「文学か？ ミステリか？」という議論の俎上に乗るが、作者自身はそういったジャンル論を超えた観点に立脚していることが窺える。『犯罪』にはアート的な文芸という定評がある。その読み心地は、さながら美術館の回廊をめぐりながら絵画を深く堪能する感覚に酷似している。実際の美術館との相違は、作品とその空間を完全に独り占めできることだ。ゆえに読者はシーラッハの筆の上で、極上の美的・思索的体験を味わうことになる。

本書をはじめとするシーラッハの文芸作品は、ドイツ的教養の真髄が、権威的虚飾を排しながらその知的要素を再構築した際に、一体どれほどのことができるのか、という底力を如実に示した実例ともいえるだろう。

（マライ・メントライン）

英米

『風の影』上下

カルロス・ルイス・サフォン
木村裕美／訳
La sombra del viento, 2001
集英社文庫

本を友として過ごしてきた間に、幾度か、出会うべくして出会ったとしか思えない、運命を感じた本を手にしたことがある。『風の影』がそうだった。初めてその本を開いたとたん、「忘れられた本の墓場」の存在が癒しのように心に染み込み、私にとって、運命的な思いを抱かせてくれる一冊になったのだった。

一九四五年、十歳になる少年ダニエルは、バルセロナで古書店を営む父親に連れられ、時の流れとともに失われた本が息づいている「忘れられた本の墓場」を訪れ、幻の作家フリアン・カラックス作の『風の影』に出会う。そして、現存するのは彼が手にした一冊のみで、残りはすべて何者かに焼かれてしまったその本を守ることが、彼の宿命となる。

謎の作家を巡る若者の冒険ミステリでありながら、怪奇趣味が色濃く漂い、激動の時代に翻弄される男女のメロドラマもあれば、年上の女性に初々しい恋心を寄せる少年の青春小説的な趣も楽しめる。加えて、政治的な陰謀に眉をひそませることもあれば、庶民のたくましさに思わず笑ってしまうこともある。と書けば、小説が持っている様々な面白さを手当たりしだいに詰め込んだだけなのではと危惧されるかもしれないが、その仕上がりは、サグラダファミリア教会を見るように、強い感銘を与えてくれる。

が、真の主人公は、バルセロナの旧市街そのものなのかもしれない。独特の文化を育み、厳しい時代を耐えてきたその街の奥深いたたずまいと、折々に見せる街の表情は、そこに暮らす人々と呼応し、読む者を魅了してやまないからである。

本書は、四部作になる「忘れられた本の墓場」シリーズの第一作目にあたり、すでに三作目まで翻訳されているが、複雑に絡み合うシリーズの全体像は、これから明らかになるはずである。

（穂井田直美）

【シリーズ第２作は『天使のゲーム』、シリーズ第３作は『天国の囚人』】

英米

『沙蘭の迷路』

ロバート・ファン・ヒューリック
和爾桃子／訳
The Chinese Maze Murders, 1951
ハヤカワ・ミステリ

不条理だらけの世の中、せめて小説だけでもスカッと勧善懲悪を求める方、肩のこらない山風や池波正太郎もたまにはいいね、という方。時代ミステリなどいかがですか。時代は中国唐代。主人公の狄仁傑《ディーレンチエ》は県知事といって現代の町長にあたる下級役人ですが、地域の判事を兼務するので狄《ディー》判事とも呼ばれます。史実ではのちに名宰相になっただ

けあって、追いはぎや詐欺師さえも惚れる男前な人柄です。実直な洪《ホン》警部を連れて赴任する途中で巡り合った押しかけ元追いはぎ二人組の陽気な馬栄《マーロン》と、翳のあるイケメンの喬《チャオ》泰《タイ》、ひねた詐欺師あがりの陶侃《タオガン》という元犯罪者三名でした。腕っぷしを要する場面は武芸自慢の二人組が大暴れ、闇社会の悪知恵比べは陶侃《タオガン》が担当し、あたかも鬼平犯科帳の密偵たちのように判事の推理を助けます。

　舞台となる蘭坊《ランファン》県は西域国境に近く、遠い都の威光は及ばず、地元のボスが政庁すら脅してきます。着任そうそう孤立してピンチの一行。さらに引退した元将軍の密室変死、迷路図に秘めた名士の遺産相続争い、巡査長の娘の失踪と三つも事件がたてつづき、異民族侵略への警戒も手が抜けません。

　この時代の判事は、しくじれば死刑です。最後の最後まで薄氷を踏みつつ、密室殺人トリックと迷路の謎解きを同時に楽しめるのが読みどころ。また、密室にからめて喬泰《チャオタイ》の悲しい過去も明かされます。

　著者ロバート・ファン・ヒューリックは博学多識なオランダ人ですが、外交官として国のために生涯を捧げた官吏でもあり、その見識をふんだんに注いだ作品群は中国・台湾でも国民的人気を得ています。駐日オランダ大使として江戸川乱歩や松本清張とも親交があり、本書の序文は乱歩、あとがきは清張という超豪華版のおまけも見逃せません。

（和爾桃子）

【狄《ディー》判事シリーズは全16冊（短篇集と中篇集が一冊ずつ）刊行されている】

英米

『六人目の少女』

ドナート・カッリージ

清水由貴子／訳

Il Suggeritore, 2009

ハヤカワ・ミステリ文庫

　とある森で、地中に埋まっていた六本の少女の左腕が発見される。世間では五人の少女が次々と失踪するという事件が問題になっていたが、六人目の少女だけ、失踪したという報告も捜査依頼も確認されていなかった。左腕に残されていた処置の痕跡から、六人目は生きている可能性もある。犯罪学者ゴランをアドバイザーとする連邦警察行動科学部の捜

査官たちと、そのチームに招聘された、子どもの失踪人探しを得意とする女性捜査官ミーラは、被害者の死体および生きている少女の発見に全力を尽くすのだが……。

『六人目の少女』は、イタリア内外の様々な文学賞を受賞。イタリア・ミステリ界の大型新人として話題をまいた。イタリア版『羊たちの沈黙』といわれるだけあって、多くのシリアル・キラーものミステリに見られるようなプロットやアイデアを彷彿させる。サイコ・ミステリはグローバル化が進んでいるジャンルで、アメリカ型のプロットやアイデアとの径庭がなくなっているのが現状だからだ。本書の場合、舞台を無国籍にすることで各国の読者に当事者性を感じさせようと作者が意図しているだけに、なおさらイタリア・ミステリらしさが乏しい印象を受ける。だが、いくつもの趣向やトリックを盛り込む過剰さを持ちながら、計算された緻密な構成によって、意外な驚きを導く本書は、その過激かつ過剰なノリからジャーロ映画を連想する読者がいるかもしれず、そこがいちばんイタリアっぽいかもしれない。廃墟となった教会経営の孤児院跡で死体が発見されたり、終盤に登場する修道女が発揮するある能力、「神は口を閉ざし、悪魔はささやく」というメイン・プロットを象徴するフレーズなど、全体的にカトリシズムの雰囲気が濃厚なのも見逃せない。

次作『ローマで消えた女たち』では、さらに過激でとんでもない奇想を展開しているカッリージは、今最も目が離せないイタリア・ミステリ期待の新鋭だ。

（横井司）

『天使と悪魔』上中下

ダン・ブラウン
越前敏弥／訳
Angels and Demons, 2000
角川文庫

映画化されたのが『ダ・ヴィンチ・コード』のほうが先だったせいで、この『天使と悪魔』がシリーズ二作目だと思っている人も多いが、こちらが一作目である。
主人公のロバート・ラングドンはハーヴァード大学教授で、専門は宗教象徴学。該博な知識の持ち主でありながら、毎日欠かさず水泳に精を出すスポーツマンでもあるが、ミッ

キーマウスの腕時計を片時も離さない無邪気な一面もある（映画ではトム・ハンクスが演じているが、わたしはジョージ・クルーニーをイメージして翻訳した）。

セルン（欧州原子核研究機構）と反物質、秘密結社イルミナティとフリーメイソン、アンビグラム、ヴァチカンとカトリックの地理や歴史、教皇選出の方法、ローマの建築や美術などなど、作中では膨大な量の蘊蓄が小出しに語られるが、それらがストーリーの必然とみごとに一体化していて、中途半端に読み飛ばすことができない。上中下巻に及ぶ大長篇でありながら、物語はたった一日足らずの出来事で、息もつかせぬタイムリミット・サスペンスが繰りひろげられたあと、とてつもなくスケールの大きな、文字どおり驚天動地の結末が用意されている。

ページターナー、徹夜本、巻を措くあたわざる作品といったことばは、まさにこの作家のためのものだ。とりわけ、この『天使と悪魔』の完成度はきわめて高く（『ダ・ヴィンチ・コード』よりこちらを支持する読者も多い）、科学と宗教の対立という知的で深遠なテーマを扱いながらも、まぎれもなく一級品のスリラーである。読者をミスリードするためのさりげない叙述や、巧妙な伏線の張り方、短い章を重ねて視点をめまぐるしく変える映画的手法など、すみずみまで実によく研究されていて、かつて類を見ないタイプのエンタテインメントに仕上がっている。

（越前敏弥）

『エアフレーム ―機体―』上下

マイクル・クライトン
酒井昭伸／訳
Airframe, 1996
ハヤカワ文庫NV

ノートン・エアクラフト社が製造したN22旅客機が、香港からデンヴァーへ向かうフライトの途中で事故を起こした。墜落は免れたものの、死者も三名出るという大事故だ。品質保証部の事故原因究明チーム担当副部長のケイシーが本件調査を担当、彼女はさらにマスコミ対応も担当することになる。その重圧のなか、中国顧客との大型商談が進んでいる

ため、通常は一カ月かける調査を一週間で済ませろと上層部から厳命を受けた……。

専門家集団による事故原因の究明を中核に据えた作品だ。地道な作業を描いてはいるが、そこはさすがにクライトン、着眼点や調査方法などの選び方も見せ方も巧みで、これがまず第一級のエンターテインメントとなっている。タイムリミットの設定も活きている。そのうえで、だ。ケイシーは、真実よりもインパクトの強さを追求するTVとの闘いにも挑まねばならないのである。こちらもまたスリリングだ。TV側を代表するジェニファーの〝仕込み〟も徹底しており、プロ対プロの闘いを愉しむことが出来る。

さらにこの作品では、ケイシーを悩ませるある種の〝不自然さ〟も描かれている。あれやこれやと、彼女の調査にマイナスになる人物やら出来事やらが続くのだ。例えば、彼女の補佐を勤めることとなったリッチマンという若造だ。お偉方の甥だというが、これがまあなんとも身勝手で生意気でケイシーの足を引っ張るのである。労働組合もまた調査の妨げとなる動きを始める。一体何が起きているのか。N22の事故の調査が進むと、誰かが困ることになるのか。そんな謎が次第に姿を現し、読者を強力に牽引するのである。

『ジュラシック・パーク』の恐竜や『タイムライン』の時間旅行のようにキャッチーな素材を用いているわけではないが、航空機という身近な存在を活かして、クライトンは抜群に刺激的で多様な味わいのサスペンス小説を完成させた。百％満足である。（村上貴史）

『戦慄のシャドウファイア』上下

ディーン・R・クーンツ

白石朗／訳
Shadowfires, 1987
扶桑社ミステリー

死んだはずの夫が怪物として蘇生し、妻を追いかけてくる！
乱暴に要約してしまうと、ただそれだけの物語だ。ただそれだけの物語を、サイドストーリーを織り交ぜて重層的な追跡劇に仕立て上げ、巧みに緩急をつけて語り、読者を最後のページまで一気に引っ張っていく。

波乱に富んだ展開で、読む者をとりこにする——そんなふうに評される作家も、そして作品も数多い。中でも、それを徹底してやってみせるのがディーン・クーンツという作家であり、その結晶ともいうべき作品が『戦慄のシャドウファイア』である。

本書の瑕をあげつらうことは決して難しくない——きわめて強引な、都合のいい展開。枠にはまったような人物造形。予定調和のハッピーエンド。

だが、それがどうした？

……と、数多の批判を切って捨ててしまう勢いが、この作品には溢れている。爆走するストーリーの力。ただそれだけで、クーンツは読者を引っ張ってみせる。

それを支えるのが、物語の細部を支える語りの力だ。例えば、怪物となる夫の描写だ。人間ならざるものに変容する肉体。混濁した意識に襲いかかるシャドウファイアの幻覚。彼を駆動する、妻への怒りと憎しみ。そうした細部の積み重ねが、怪物の存在を——そのグロテスクな姿を、ねじれ曲がった精神を、奥底の哀しみを確固なものにしてみせる。

クーンツは、読者をあっと言わせるためには手段を選ばない。だから、物語の中ではしばしばとんでもないことが起きる。一歩間違えば（あるいは間違えなくても）荒唐無稽なデタラメになりかねない事象。それを、読者を驚かせる奇抜な物語として輝かせるのが、細部にまで配慮の行き届いた語りの力なのだ。

（古山裕樹）

『暗殺者グレイマン』

マーク・グリーニー
伏見威蕃／訳
The Gray Man, 2009
ハヤカワ文庫NV

『暗殺者グレイマン』には、ホント、驚いた。血湧き肉躍る冒険小説がたくさんあった一九八〇年代ならともかく、そういう作品がまったくなくなった二〇一〇年代に（この作品は二〇〇九年の作品だが、翻訳は二〇一二年）斬新なアクション小説など読めるわけがないと思っていた。凄腕の暗殺者を主人公にした冒険アクションと表4にはあったけれ

ど、どうせ新味のない二流アクションだろうとの諦めムードがあったことは否定できない。通常のアクション小説ところがびっくり。こんなアクション小説、読んだことがない。スティーヴン・ハンターの『狩りは、物語の途中に幾度かアクション場面が挿入される。あの静から動への激しい転換が、すぐれたアクション小説ののとき』を想起すればいい。ところが『暗殺者グレイマン』にはこの静から動への激しい転持つリズムといっていい。ずっとアクションが続いていくからだ。厳密にいえば違うのだが、大雑把に言換がない。これは本来ならあり得ない。静から動への激しい転換があるかえばそういうことになる。らこそ、アクションが引き立つのだ。そういうことがなく、ずっとアクションが続くのでダレるのが普通だろう。ところが『暗殺者グレイマン』は、めりはりというものがない。グリーニーの登場は現代の奇跡である、と書いたのもそういうことでは、ずっとアクションが続き、なおかつ緊張も持続する。あり得ないことがあり得るから、まったく不思議。ではどうしてそうなのか、ということについては別のところに書いたのでここである。は繰り返さない。

これに続く『暗殺者の正義』『暗殺者の鎮魂』『暗殺者の復讐』はすべて傑作。とんでもない作家がいたものだ。その出発点が本書『暗殺者グレイマン』なのである。心して読まれたい。

（北上次郎）

『幻の女』

ウイリアム・アイリッシュ
稲葉明雄／訳
Phantom Lady, 1942
ハヤカワ・ミステリ文庫

思えばこの小説、中学の頃にだいぶ頭でっかちの状態で読んだ。

ネガティブな先入観としては、死刑囚が獄中から仲間に頼んで真実を探るというジョナサン・ラティマーの『処刑六日前』（の少年少女向け版の『死刑六日前』）を先に読み、『幻の女』は、これの二番煎じだと思っていたのである。ポジティブな方は、やはり書き出しだ。〝夜は若く、彼も若かったが、夜の空気は甘いのに、彼の気分は苦かった〟という先入観を抱いていたのだ。詩的で美しい文章の名作サスペンス、というアレだ。結論をいえば、読み始めてみるとそんな先入観などすっかりどこかに消えてしまっていた。確かに『死刑六日前』との類似点はあったし、文章も美しかったが、なにより本書の強烈な刺激の虜になってしまったのだ。妻を殺害したとして死刑が宣告された〝彼〟ことスコット・ヘンダースンの無実を友人は証明できるのか。無我夢中で読み進んだ。

無実の鍵となるのは、アリバイを証明してくれるはずの——その夜に出会ったばかりの——女性だった。だが、二人で訪れたレストランでも劇場でも誰もそんな女は見ていないという。目立つはずの女性なのになぜ……。

本稿執筆のために何年ぶりかで読み返してみたが、やはり虜になった。女が幻であるという謎、〝幻の女〟に到達する手掛かりを持っていそうな人物を探そうと必死に絞る知恵、その人物と接する際に生じる怖ろしいほどの緊張感、さらにはその人物を巡る意外な展開。そしてタイムリミット——なんて巧妙に造られているんだ。

結末で幻の女に関する真実が明らかになった後も、刺激は続く。ある重要人物の意外な素顔が明かされるのだ。その素顔の衝撃の余韻に包まれたまま、読者は本を閉じる。何度読み返しても全力でスリルを堪能できるという希有な一冊だ。

（村上貴史）

【黒原敏行氏による新訳版を早川書房より刊行予定】

『死の接吻』

アイラ・レヴィン
中田耕治／訳
A Kiss Before Dying, 1953
ハヤカワ・ミステリ文庫

一九五三年、作者が二十三歳のときに発表したデビュー作がいきなりMWA賞最優秀長篇賞を受賞し、たちまち古典となった名作。それが『死の接吻』である。

この作品の素晴らしさは、まず何と言っても絶妙なる構成の見事さと、抜群のリーダビリティにある。第一部は貧しい家庭に生まれた青年が、富裕階級の娘と結婚し、金と権力を手に入れようとする野望が描かれる。彼には生来の美貌と優れた頭脳、人を魅了する天賦の才が備わっていたのだ。実際に彼は資産家の末娘ドロシイを籠絡し、計画は途中まで上手くいくかに見えた。ところが彼女の妊娠がわかり、すべてがぶち壊しになってしまったのである。こんな不祥事を父親は絶対に許さない。にもかかわらず彼女は、家を追い出されて一文無しになっても愛があれば何とかなると、結婚を迫ってくるのだった。金のない女には用がない。思い余った彼は、ドロシイを殺す決意を固めて実行する。しかし巧妙な偽装工作により、警察は彼女の死を自殺と判断したのだった。

ここでの注目点は、犯人側の視点から事件が描かれているのだが、名前が「彼」としか表記されていないことだ。それゆえ、ドロシイの姉エレンが、妹殺しの犯人を探る第二部が生きてくる。エレンは妹からの〝遺書〟に疑念を抱き、独自に調査を始めて、やがて容疑者を二人にまで絞るのだ。その一体どちらが「彼」なのか。しかしエレンの動きを知った犯人は、またしても卑劣な罠を用意する。そして第三部は、長女マリオンがすべてを明らかにし、劇的なクライマックスが訪れる。

本作には、犯人は誰かというミステリ本来の興味のほかにも、時代の不安な状況、野心家の青年の焦燥など、筋立てといい人間の不可思議さといい、小説を面白くする要素がすべて詰まっている。これこそエンターテインメントの傑作と言って良い。（関口苑生）

『グリーン・マイル』（1〜6）

スティーヴン・キング
白石朗／訳
The Green Mile, 1996
新潮文庫

米国南部の刑務所で一九三二年に起きた出来事の物語である。死刑囚達と看守達、その家族、そして鼠――そんな連中が経験する奇跡の物語といってもよかろう。

死刑囚達といってもそれぞれに個性がある。人としてとことんクズな奴もいればそうでない奴もいる。看守達のなかにもやはりクズな奴はいる。それらの個性が、刑務所という閉鎖環境で化学反応を起こし、人が死に、人を死に追いやる。あるいは、そう、奇跡を演じるのだ。そうしたエピソードの数々が実にスリリングで緊張感に満ちている。しかもそのスリルが一様ではない。あいつはどうなるのか、あいつはなにを企んでいるのか、目の前で起こっているこの惨劇の結末はどうなるのか、実行中のこの計画はうまくいくのか、などなど、キングは手を替え品を替え、読者の心を巧みに操る。

刑務所内の刺激にとどまらない。本書は看守主任が過去を回想する視点で綴られているのだが、その看守主任の現在——老人ホームというこれまた閉鎖環境だ——での危機も描かれている。まったく大した腕前だ。今更ながらにキングの力量を痛感させられる。

さて、この長篇小説『グリーン・マイル』の最大の特徴は刊行形態にあった。毎月一冊ずつ、六カ月連続での刊行というかたちで発表されたのだ。一冊あたり一五〇頁から二二〇頁程度という、一時間もあれば読み切ってしまえる分量である。読み切ってしまえるのだが、個々の巻で語られるエピソードは、最終刊を除くとその巻では解決されず、〝つづく〟というかたちで読者をじらす。キングは、中身も器も駆使してこの『グリーン・マイル』という長篇を極めてスリリングなものに仕上げて、世に送り出したのである。

米国ではその後、六分冊をまとめた一冊本も刊行された。邦訳（上下巻）もあるので、じらされるのが苦手な方はそちらを買って一気読みするのも一興だろう。（村上貴史）

【小学館文庫版は上下巻で刊行】

『死の蔵書』

ジョン・ダニング
宮脇孝雄／訳
Booked to Die, 1992.
ハヤカワ・ミステリ文庫

古本をめぐるミステリでしょ？　わたし、古本に興味ないし……。そんな理由で本書を読まないのだとしたら、それは大損です。

なぜなら、本書『死の蔵書』は――

ひとつで四つのおいしさ!?　のあるミステリなのです。

たしかに古本をめぐるエピソードが多々出てきますが、まったく知識がなくても充分に楽しめます。というよりも、面白い世界だなと思うはずです。しかも本書の魅力はそれだけではありません。まずはエラリイ・クイーンも真っ青の複雑な伏線。そう、読む人を謎の迷宮に誘いこむのです。さらに主人公のジェーンウェイは、物語の前半は警察官ですので、組織のなかで苦闘するその姿に、警察小説の面白さを堪能できるでしょう。後半では、警察を辞めるのですが、ふたたび犯人を追うことになります。ここからは私立探偵ものテイストになるのです。そして、全体を通した語り口はハードボイルド調。本書一冊のなかに四種類もの魅力が詰まっているのです！　まさにひとつで四つのおいしさ。お買い得ですよ。

本書にはサイコ野郎や謎の美女、個性的な古本店主などが登場します。こうした人たちがストーリー展開に絡んできて、ページをめくる手が止まりません。サイコ野郎と主人公ジェーンウェイとの確執だけでも一本の小説になる面白さがあります。仲間の古書店主ルビーなどは本当に身近に感じ、会ってみたいと思わせるキャラクターです。端役にいたるまですべての登場人物が血の通った人間として描かれているために、豊かな作品世界となっています。

ね、おもしろそうでしょ？　読み逃すのは損。ぜひご一読を。

（横山啓明）

〈後味がくせになる〉

イヤミス好きに薦めるミステリ

IYAMYS FAN

嫌な話なのにどうも気になって仕方がない、
見たくないのに見てしまう。
そんなことってありませんか。
これらは一生こころに残るミステリです……

『あなたに不利な証拠として』

ローリー・リン・ドラモンド

駒月雅子／訳

Anything You Say Can and Will be Used Against You, 2004

ハヤカワ・ミステリ文庫

アメリカの警官が犯人逮捕の際に義務付けられている「ミランダ告知」の一節から取られたタイトルが語るように、自身も警官としての勤務経験を持つ著者が、その体験や目撃したことを中心に、制服女性警官の世界を描いた連作短篇十作からなるのが本書だ。

ミステリの世界では傍役を振られることが多い制服組の女性警官たちだが、ここでは彼女たちが直面する事件や悩み、さらには日常生活までが、活き活きとかつ生々しく描かれてゆく。当然ながらそのほとんどは、苦々しく、後味の悪いものとなる。

なかでも強いインパクトを感じさせるのは「味、感触、視覚、音、匂い」。ミステリ作品ではよく触れられる「死臭」をテーマにした短篇だ。これといった事件が起きるわけでもなく、ミステリ色は非常に薄い作品だが、著者の分身たる語り手が、死臭のことを丹念に若い警官たちに教え込む。たとえば「暴力的な死のほうが死臭がきつい」とか、「いちばん匂うのは、焼死体だ」とか、「服に匂いがつくので、現場では上着は脱ぐこと」などなど。そして死臭は、「他のどの匂いとも似ていない」し、「どうしても、防ぐことはできない」。そう語る女性警官も、死体発見現場から帰宅すると、服を洗濯し、熱いシャワーをひたすら浴びる。だがそれでも匂いは抜けず、食欲も減退する。かつてここまで「死臭」をリアルに語った作品があっただろうか。

その他にも、一人の男を射殺した女性警官がその苦悩を語る「完全」や、レイプ未遂犯に刺されたと主張する女性被害者をめぐる「傷痕」（アメリカ探偵作家クラブ賞最優秀短篇賞受賞作）など、どの作品も非常に強い印象と読後感を残す。

高く評価されたドラモンドだが、二〇〇四年の本書の後は作品を発表していないのが惜しまれる。（H・K）

『わらの女』

カトリーヌ・アルレー
安堂信也／訳
La Femme de paille, 1956
創元推理文庫

カトリーヌ・アルレーの『わらの女』は、一九五八年の本邦初訳以来、各種ベスト10アンケートの常連作家といっていいくらい支持を集めている。最新の『東西ミステリーベスト100』（二〇一三）では59位だったが、それ以前の《ジャーロ》による「海外ミステリーオールタイム・ベスト100」（二〇〇五）では101位だったのだから、むしろ復調している

といっていいかもしれない。

物語はハンブルクで翻訳仕事に従事するドイツ人女性ヒルデガルデ（三十五歳、独身）の朝の風景から始まる。新聞の求縁広告欄を見て、良い結婚相手がいないかと探すのが日課だ。そしてその日、莫大な資産を持つ男性の広告に目をとめる。ヒルデガルデはこの幸運を逃すまじと手紙を送ったところ、スイスまで出向くよう指示される。そこで出会ったのは富豪の秘書を務めるという初老の男で、長年務めた労役の報酬を少しばかり多くもらうため、ヒルデガルデにある計略を持ちかけてきたのだった。

全体は二部構成で、第一部は秘書の計略のためにヒルデガルデが富豪を籠絡する経緯が描かれる。看護師として乗り込んだヒルデガルデと富豪のやりとりは、巻を措く能わずといった面白さ。第二部に至って物語は、グラン・ギニョール劇を彷彿させなくもない、ブラックな展開を見せ始め、ヒルデガルデは転落の一途をたどる。この転換が鮮やかで、すべての真相が明かされるとき、読者は実にイヤーな気分になるだろう。

本書はかつて〈悪女もの〉に分類されていたのだが、ハードボイルドやノワールでお馴染みの悪女は登場しない。ヒルデガルデはむしろ玉の輿願望の強いロマンティストで、その彼女が徹底的に追いつめられるという、サディスティックな残虐味にあふれている。その意味では極めて現代的、イヤミスの元祖ともいうべき作品なのだ。

（横井司）

『11の物語』

パトリシア・ハイスミス
小倉多加志／訳
Eleven, 1970
ハヤカワ・ミステリ文庫

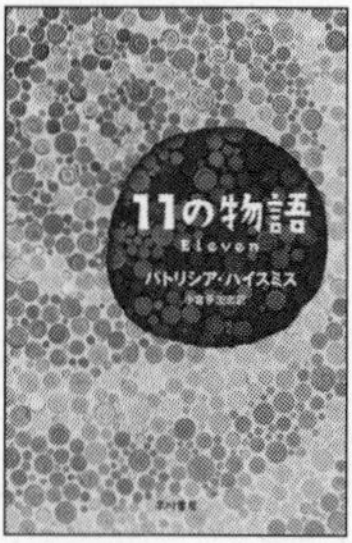

パトリシア・ハイスミスは「サスペンスの女王」「不安の詩人」と呼ばれていたが、その言葉どおり、この短篇集は、じつに不安な気持ちにさせられる作品に満ちている。
代表的なのが、「かたつむり観察者」という作品。証券会社の役員ノッパートは、ある日、台所でボウルのなかにあった二匹の食用かたつむりを目にする。優雅に、そしてなま

めかしく振る舞う二匹に心を奪われた彼は、かたつむりの飼育を始めるが、やがて思わぬ事態に直面することになってしまう。

「クレイヴァリング教授の新発見」もなかなかの気味悪さ。動物学教授のクレイヴァリングは、とにかく新発見をして、その生物に自分の名前をつけたくてたまらなかった。ハワイにほど近い島に巨大な人食いかたつむりがいることを知った彼は、長年の夢を叶えるため、単身その島に上陸する。だが、そこで悲劇に見舞われる。ハイスミスはかたつむり観察が趣味というだけあって、二作ともその描写はリアルで、生理的な怖さを呼び起こす。

人間の心の異様さを描いた作品もある。そのひとつ「愛の叫び」は、同居する二人の老婦人アリスとハッティーを描いたもので、アリスはこれまでハッティーから密かに何度もいやがらせをされたと思っているが、我慢していた。だが大切なカーディガンを鋏で切られたとき、アリスはついにハッティーに復讐するが、複雑な結果を招く。

ある家の保母になった女性が、雇い主に気に入られようとして、驚くべき行為に走ってしまう「ヒロイン」や、不幸な過去を持つ女性を描いた「モビールに艦隊が入港したとき」も人間の心理の暗い部分を切り取ってみせる。

ハイスミスは日常に潜む異常を洗練された筆致で描いている。その独特の世界を味わってほしい。（松木孝）

『女彫刻家』

ミネット・ウォルターズ
成川裕子／訳
The Sculptress, 1993
創元推理文庫

心の多面性をミステリの謎解きの興趣に昇華するミネット・ウォルターズ作品のなかでも、とりわけシンプルな命題が示されるのが『女彫刻家』である。

一九九〇年代に生み出された文芸、映画などの創作物のなかで、異常心理を扱ったサイコサスペンスは大きな存在感を発していた。過剰な〝怖さ〟を求めたブームはやがて沈静化し、残念ながら大半の作品は時代の徒花《あだばな》となってしまったけれど、嚆矢ともいえる八八年の『羊たちの沈黙』など少なからぬ名作は、二〇〇〇年代に入ってからも読み継がれている。人の心の本質を突きさす内容を持ち得ているからだろう。九三年に英国で出版された本書もまた、そんな時代の流行に左右されない普遍性を持った作品だ。

フリーライターのロザリンド（ロズ）・リーは、出版社から女性無期懲役囚を取材するように指示を受ける。女の名はオリーヴ・マーティン。「母親と妹の体をバラバラにし、切断した各部を再び人間の形に並べて、台所の床に血まみれの抽象画を描いた」彼女の異名は「彫刻家」である。初対面の日、刑務所内の面会室に入ってきた身長一八〇センチ、体重一六五キロを超える巨漢の女の口から届いたのはしかし、低い、教養のある声であった。オリーヴの論理的な内容をともなった話を聴くにつれ、ロズの心には疑問が持ち上がる。彼女は果たして、事件の本当の犯人だったのだろうか……？

九〇年代当時、異常心理をテーマにした作品の大半は、〝犯人〟を理解できない異物として描いた。翻って、本書において物語をけん引する主人公の動機は、異常な行動を起こした〝犯人〟が〝怪物〟ではないのではないかという正反対の問いだ。ロズはオリーヴを知りたい――本書はあくまでも、〝人間〟の心奥を見つめる小説であり、それは容易に私たちの内面と共鳴する。だからこそ本書は、圧倒的に怖いのである。

（小池啓介）

【アメリカ探偵作家クラブ賞最優秀長篇賞受賞作】

『半身』

サラ・ウォーターズ
中村有希／訳
Affinity, 1999
創元推理文庫

一八七四年、秋。上流階級の令嬢マーガレット・プライアは、ミルバンクス監獄の女囚たちの慰問に来ていた。ここ暫く彼女は不幸続きで気分が沈みがちだったし、三十路を迎えて婚期を逃したと非難されるなど、家族の中での居心地も悪かった。気分転換も兼ねてやって来たこの監獄でも、囚人と話が合わず、マーガレットは暗澹たる思いに駆られる。

しかしその中に、静謐な雰囲気を身にまとう少女がいた。彼女の名はシライナ。著名な霊媒だったが、前年に強力な霊を呼び出している最中、パトロンだった貴婦人が急死したことで告発され、監獄に入れられたのである。マーガレットはシライナに心惹かれ、面会を重ねていく。やがてシライナは、マーガレットの前でもその《能力》を見せ始めた。

この物語は、マーガレットを視点人物とするパートと、一年前の一八七三年の出来事を語るパートが概ね交互して進行する。後者ではシライナの過去が語られるが、時系列に沿ってゆっくり進むため、全貌がなかなか見えて来ない。そして前者の、マーガレットが語り手を務めるパートでは、マーガレットがなかなか話の核心に踏み込まない。当時の倫理意識に、女性に求められた奥床しさ、そして恐らくマーガレット生来の引っ込み思案が混然一体となった語り口により、静かでゆっくりしていて、やや回りくどい。それが、主人公の性格と心理状態を、読者に効果的に体感させる。

やがて、シライナに惹かれるマーガレットの想いは、同性愛的な色彩を強めていく。それに呼応するように、霊的とされる不可思議な事象も発現。その果てに、意外な真相が明かされる。女性登場人物を素描しながら、オカルト要素をふんだんに盛り込んだ物語は、雰囲気たっぷりである。おまけに、真相暴露によって《世界を反転させる》ことも実現した。贅沢な作品という他ない。

（酒井貞道）

『特別料理』

スタンリイ・エリン
田中融二／訳
Mystery Stories, 1956
ハヤカワ・ミステリ文庫

闇の深さを覗き込む密やかな愉悦にこっそりとひたりたいときは、スタンリイ・エリン『特別料理』を開くといい。半世紀以上前に書かれた作品たちであるが、物語のなかに存在するのは、現在に生きる私たちと寸分も違わない〝人間〟なのだから。

本書には、一九四七年に《エラリイ・クイーンズ・ミステリ・マガジン》第三回年次コ

ンテスト特別賞を受賞したエリンの実質的なデビュー作「特別料理」を筆頭に、十作の短篇が収録されている。「特別料理」には三名の人物が登場する。恰幅の良い会社経営者ラフラーとその部下のコステイン。それに、彼らが足しげく通うレストラン・スビローズの主人スビローだ。ラフラーとコステインは、スビローズで不定期に出されるという特別料理が供される日を心待ちにしている。そんなある日、ふたりは特別料理の真実に近づく機会を得ることになる……。

作品中には絶えず不穏な空気が漂っているのだが、最終局面で投じられる描写によって、濃縮した怖気が一気に押し寄せる。なおかつその瞬間は、さらりと頬を撫でるようなちょっとした一文によって提示される。技巧の冴えを味わうことこそが初読時の楽しみ方だろう。だが、本作はぜひとも間をおかずに再読してみて欲しい。単にサプライズ・エンディングを用意しただけの作品ではなく、冒頭から最終行までを余さず使い人間の業を露わにしようとした小説であることがわかり、さらにぞっとするはずだ。

予想や先入観として抱いていた感情を裏切るのではなく、思いもよらぬ大きさに膨れあがらせるのが本書で際立つエリンの小説技法である。「クリスマス・イヴの凶事」などはその最たる例だろう。最後の一篇「決断の時」に登場する、苦悩する男ヒュー・ロジャーは、私でありあなただ。

（小池啓介）

『キス・キス〔新訳版〕』

ロアルド・ダール
田口俊樹／訳
Kiss Kiss, 1960
ハヤカワ・ミステリ文庫

小説なんぞは各自好き勝手に読んでいればいいのであって、ことさら読み方なるものがあるようにも思えないが、それでもダール作品は初めからミステリと決めつけて読まないほうがいいかもしれない。そう思って読むと、肩透かしを食らう作品も少なくないからだ。ダール自身もミステリ作家と呼ばれることには抵抗があったようで、大昔のことなが

ら、《ミステリマガジン》のアンケートに、私はミステリ作家ではありません、ときっぱり答えていた。この『キス・キス』でも、短篇ミステリによく見られる大どんでん返しが最後にひかえているような作品はひとつもないと言ってもいい。たとえば巻頭を飾る「女主人」。話のオチはむしろ初めからわかっているようなところがある。それでも、最後の一行にはぞっとさせられる。わかっていてもびっくりさせられる。これこそダールならではのダール作品一番の魅力ではないだろうか。

もうひとつ、いわゆる〝つかみ〟は実によくできていても、読み進めると、すじだては似たり寄ったりで、だいたいのところ先が見えてしまう作品が最近は少なくないが、ダールはその逆を行く。読み進めるうちどんどん作品に引き込まれていき、最後にはどっぷり作品空間に浸らされている。この『キス・キス』はどれもそういう作品ばかりで、「豚」など最後の最後までいったいどういう話なのかまったく先が読めない、喩えようのない面白さがある。ほかにも「天国への道」や「ビクスビー夫人と大佐のコート」といったベルエポック風味のミステリから、「勝者エドワード」のようなスリラー、「ジョージー・ポージー」のようなほら話、「始まりと大惨事——実話」のようなイヤミスなどなど、とにもかくにもヴァラエティに富んだ短篇集だ。奇妙な味ならあれもこれも味わいたいという欲張りな人になによりお勧めしたい。

（田口俊樹）

『ジェゼベルの死』

クリスチアナ・ブランド
恩地三保子／訳
Death of Jezebel, 1949
ハヤカワ・ミステリ文庫

密室もののマスターピースに数えられる『ジェゼベルの死』は、一度読んだら忘れようのない〝夢に見そうな〟トリックがさく裂する作品だ。真相にいたるまでに幾度もの推理の構築と破綻が繰り返される謎解きミステリの理想形なのだが、そういった構築美への関心を上回る衝撃的な犯行方法こそが、本書の評価を特A級に押し上げる所以である。

物語の冒頭、三人の男女に脅迫状が届く。彼らは、ある青年の自殺に関わりをもつ人間たちであった。そのひとりである青年の元恋人パーペチュアから相談を受けたコックリル警部も鑑賞するページェント――舞台劇の最中に、演者にして脅迫の対象者イゼベルが舞台セットのバルコニーから死体となって転落する。警察の検証により、彼女は落下直前に絞殺されていたことがわかるが、イゼベルのいた場所は舞台からはおろか控室からの出入りも不可能な、すなわち密室状況を呈していた。コックリル警部が捜査に乗り出し――容疑者が全員自白するという狂騒的な展開をへて――ついに真相にたどり着くのだが……。

容疑者はすべて舞台上で馬上の騎士に扮していた。衆人環視のなか、犯人はいかにして張りぼての塔に上りイゼベルを絞殺したのか？　その犯行を可能にするトリックをいい表すには〝戦慄〟という言葉が相応しい。相手の存在を〝人間以下〟であると断じたとき、人は人に対してこれだけの行いができるのだろう。人間ならばこれくらいのことはやってのけると、人間観察の名手ブランドは考えたのだ。

付言すると、この一大傑作が常に彼女の作品のトップとして挙げられるわけではないところがクリスチアナ・ブランドの凄さにほかならない。ミステリ短篇集の最高峰として名高い『招かれざる客たちのビュッフェ』、本書に比肩する驚愕のトリックが披露される『はなれわざ』など、人それぞれベストとする作品が違ってくるのだから。（小池啓介）

『アデスタを吹く冷たい風』

トマス・フラナガン
宇野利泰／訳
The Cold Winds of Adesta, 1961
ハヤカワ・ミステリ文庫

全体主義国家で、名探偵はいかにして生き延びるのか？
「アデスタを吹く冷たい風」をはじめ、四本の短篇に登場するテナント少佐が、そのモデルケースを示してくれる（ちなみに、本書にはその他に三篇が収録されている）。
十数年前のクーデターと内戦を経て、「将軍」の独裁下にある「共和国」。この国の憲兵隊に所属するテナント少佐は、密輸を始めとするさまざまな犯罪を捜査する。ただし、彼は微妙な立場に置かれている。十数年前の内戦で、彼は「将軍」と対立する陣営に身を置いていた。戦いの中でテナントは片足を失い、他にも多くのものを失った。彼はこの国の憲兵隊に所属している――だが、体制にとっての要注意人物でもある。テナント少佐は今なお「将軍」に対する叛逆者であり、面従腹背の日々を過ごしているのだ。

かくしてテナント少佐の物語は、単純な謎解きでは終わらない。

彼が登場する四本の短篇は、いずれも明晰な論理によって謎が解き明かされる、筋の通った本格ミステリである。だが、その展開はきわめてねじくれている。

テナント少佐の手法は、決して単純なものではない。人を誘導することも辞さない。彼にとっての事件の解決とは、必ずしも真相の開示を意味しない。彼は時に真相を隠蔽してでも、結論を誘導する。叛逆者の信念を貫きながら、自己の立場を守れるところへと。

ある短篇に登場する軍人は、テナント少佐に対してこう告げる。

「きみは二重の意味をもつことばを、おそろしく巧みにあやつるようになったな」

謎を解くだけなら単なる名探偵で事足りる。全体主義国家の名探偵には、サバイバルのために政治的な狡猾さが必要なのだ。

狡猾でなければ生きていけない。信念を捨てれば、生きている意味がない。（古山裕樹）

『ホッグ連続殺人』

ウィリアム・L・デアンドリア
真崎義博／訳
The HOG Murders, 1979
ハヤカワ・ミステリ文庫

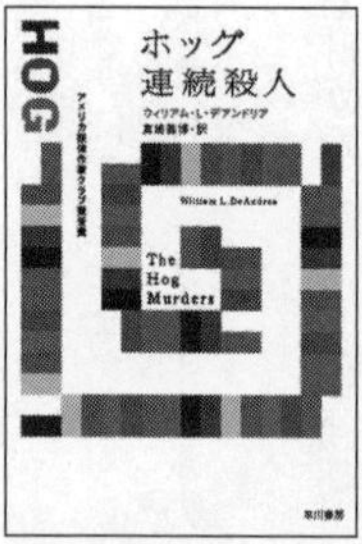

ニューヨーク州の地方都市スパータ。物語は、落下した道路標識により車が大破し、乗っていた二人の女子高校生が死亡するところから幕を上げる。不運な事故と思われたが、実は標識を留めていたボルトに切断した痕跡があり、やがて、〝HOG《ホッグ》〟と名乗る謎の人物からの犯行声明が舞い込む。「この手紙が最後だなどと思うなよ。まだまだ死人は出

る」。果たしてその後も、不可能としか思えない状況下でのＨＯＧの犯行は続いた。あるときは階段から落ちたように見せかけて老人を。またあるときは、鋭利なつららを使って、あるいはヤクの打ち過ぎに見せかけて。手段も被害者も選ばぬ大胆な凶行に当惑した警察当局は、世界有数の頭脳といわれる犯罪研究家ニッコロウ・ベネデッティ教授に調査を依頼した！

本作は米国人作家ウィリアム・Ｌ・デアンドリアの一九七九年発表の第二作。アメリカ探偵作家クラブ（ＭＷＡ）賞の最優秀ペイパーバック賞を受賞するなど本国で高い評価を得、日本でもいち早く評論家の瀬戸川猛資氏が「十年に一度の傑作」と絶賛し、以来オールタイム・ベストの常連として、つねに上位にランクインしている。

その根強い人気の秘密は、ジャンルの枠におさまらない面白さにあろう。名探偵が不可能犯罪に挑む謎解き本格ミステリとしては無論のこと、死神のごときシリアルキラーが跋扈するサスペンスとしても読むことができる。「イヤミス」を、文字通り「読後イヤな気分になるミステリ」とすれば、当てはまらないかもしれないが（謎に包まれていた犯人像が一気に氷解するラストは、むしろ爽快ですらある）、疑心暗鬼が増殖していくあたりは「イヤミス」とも共通するだろう。さらに言えば、その綿密に張りめぐらされた伏線ゆえ、思わず読み返したくなる「二度読み必至」小説でもあるのだ。（Ｃ）

〈時代を作る・作った〉

新世代ミステリ

NEW MYSTERY

時代の鏡となるような、
その時代に燦然と輝く作家と作品——
いま輝き、そしてこれから先も
輝きつづけるであろう物語たちです。

NEW

『ブラック・ダリア』

ジェイムズ・エルロイ
吉野美恵子／訳
The Black Dahlia, 1987
文春文庫

スタイルの違いから、「火」と「氷」と並び称されたボクサーふたり、「私」ことバッキー・ブライチャートと、リー・ブランチャード。私たちはともにロサンジェルス市警の警官となり、警察のPRとなるボクシングの試合で戦い、友情を深めた。やがて私は、リーと同棲する女ケイ・レイクと互いに魅かれあうようになる。

そんなある日、LAで凄惨な殺人事件が発生する。被害者はエリザベス・ショートという若い女。彼女は腰のところで身体を切断され、唇の両端が耳まで切り裂かれて、空き地に捨てられていた。女優志願だった彼女は、いつも黒ずくめの姿だったことから「ブラック・ダリア」と呼ばれていたという。この事件が私とリーとケイの三人の運命を狂わせてゆく。そしてダリアにとり憑かれたかのように捜査にのめりこむリーが姿を消した……

九〇年代以降、最重要のミステリ作家ジェイムズ・エルロイの出世作。実在の未解決殺人「ブラック・ダリア事件」を題材にした巨大にして濃厚な警察小説である。エルロイはハリウッドで育ち、十歳のときに母親を何者かに殺されている。華やかな映画の都の暗部、ギャング、陰のある刑事たち、といった「いかにもノワール」といった意匠にあふれているが、そこに自身のオブセッションを投入し、純文学的ともいえそうな濃密な筆致で描き切ったことで、独自のノワール小説が生まれ、これが二十世紀末以降の「新たなるノワールの時代」を切り開くことになった。

本書で自身の妄執に区切りをつけたエルロイは、妄執と正義の物語を推し進めてゆく。『ビッグ・ノーウェア』『LAコンフィデンシャル』、名作『ホワイト・ジャズ』から成る四部作は、けっして読みやすい小説ではないが、読む者に唯一無二の衝撃と感動をもたらす不朽の作品群である。これを読まずに現代ミステリを語ることはできない。（霜月蒼）

『千《ち》尋《いろ》の闇』上下

ロバート・ゴダード
幸田敦子／訳
Past Caring, 1986
創元推理文庫

初めてロバート・ゴダードの作品を読んだときの驚きは今も忘れられない。人々の営みの積み重ねを一枚ずつめくっていくような、幾重にも層をなす精緻な構成。埋もれた歴史を掘り返し、過去と現在を織り交ぜ、その隙間に虚構を嵌め込んでみせる。歴史に埋もれた謎を探る旅路も、魅惑に満ちている。最初には茫洋とした景色しか見え

ていない。ゴダードは手記などの断片を小出しにして、読者をじらしながら先へ先へと駆り立てる。曖昧にしか見えていなかったものごとが、ある人物の登場や事物の提示によって、鮮やかに浮かび上がる。その驚きとカタルシス。それが何度も繰り返される。ジェットコースターにたとえられるような、刺激に満ちた展開と強烈などんでん返しに彩られた作品とは、やや趣きを異にする。

巨大な迷宮が、少しずつその全貌を見せる。その過程を楽しむ物語である。それを支える、時には荘重な、またある時には軽快な、変幻自在の語り口も忘れがたい。

デビュー作である『千尋の闇』は、そんなゴダードの魅力が詰め込まれた小説だ。二〇世紀初頭に失脚した若き政治家ストラフォード。その回顧録を入り口に、彼の転落の事情を探る元歴史教師マーチンの物語だ。ここに描かれるのはストラフォードの失意のうちに終わった人生だが、決して後味の悪い、救いのない物語ではない。マーチンが魅了されるストラフォードの高潔さが、読後に深い余韻を残す。アフリカからヨーロッパ、二〇世紀初頭から二度の大戦、さらには戦後まで視野に入れた、時間と空間の広がり。そして何より、謎また謎の入り組んだ展開。その凝り具合は、後年の作品をもしのぐほどだ。

使い古された言い回しではあるが、処女作にはその作家のすべてがある。ロバート・ゴダードに関しては、確かにそのとおりだ。

（古山裕樹）

『ボビーZの気怠く優雅な人生』

ドン・ウィンズロウ
東江一紀／訳
The Death and Life of Bobby Z, 1997
角川文庫

収監中の冴えない泥棒ティム・カーニーは、刑務所内で正当防衛のために、ギャング団・ヘルズエンジェルズに所属する男を殺してしまった。囚人でありながら命を狙われることになったティムに、麻薬取締局の人間が取引を持ちかける。実はティムは、伝説のサーファーで麻薬組織の大幹部であるボビーZに瓜二つだったのだ。麻薬取締局は、ティムに

ボビーZの替え玉になるよう要請し、ティムも生きのびるためにそれを呑んだ。

主人公カーニーは当初、それほど有能な人物としては描かれない。泥棒として捕まったのは間抜けな理由からだし、肝心な時に限って不運に見舞われてしまう。しかしこの主人公が、ストーリーが進むにつれて、本物のボビーZもかくやと思わせる才覚を発揮し始める。他の人物の思惑を軽々と飛び越え、ティム・カーニーは二転三転するストーリーを華麗に駆け抜ける。カーニーはいかにして伝説となったか。本書はそれを描く神話なのだ。

ボビーZの落としだね少年キットとの心温まる絆、ミステリアスな美女との危険な情事、愛すべき悪党たちとの協力や敵対、アクション、銃撃戦、逃避行そしてどんでん返しなどなど、イベントも盛り沢山であり、読者の息をつかせない。残り数ページとなった時点ですら、物語がどう落着するか予断を許さないなど、話の展開もぎゅっと凝縮されている。しかも一々が、気の利いた台詞回しで彩られているのである。読者の胸に突き刺さったり染み入ったりして、ときに笑わせ、ときに泣かせる言葉の数々は、それだけでも十分に楽しめる上に、話者である登場人物のパーソナリティをも端的に表現する。

なお本書は、アメリカ南部のサーファー文化や、麻薬社会の暗部をしっかり描き込んでおり、その後のドン・ウィンズロウの作風の変遷を予感させる。気怠く優雅どころではないティム／ボビーZの人生を、とくとご覧あれ。

（酒井貞道）

『ミスティック・リバー』

デニス・ルヘイン
加賀山卓朗／訳
Mystic River, 2001
ハヤカワ・ミステリ文庫

これは友情が壊れる前と壊れた後の物語。

ここには様々な「以前」と「以後」がちりばめられている。一九七五年、戦争に送られた若者たちは、虚ろになりアメリカに戻ってくる。入学した少女たちは、やがてマタニティ・ドレスで卒業式に出ることになる。

時の移り変わりがもたらす無情さは、十一歳の少年たちにも降り注ぐ。冷静なショーン、大将格の悪ぶったジミー、二人の顔色をうかがうデイヴ。ある日、ジミーがショーンに言いがかりをつけ、路上で小突き合いが始まった。そこに車が止まり、降りてきた二人の男たちは少年たちをとがめてバッジを見せ、後部座席に入れと命令する。ショーンとジミーは乗らないが、男たちを警官らしいと思ったデイヴは、車に乗ってしまう。デイヴを乗せたまま車は走り去る。四日後、デイヴは戻ってきた。が、「(男たちによって)あの子は傷物にされた」と憶測が広まり、子どもたちによる陰湿ないじめが始まる。デイヴは孤立するが、ジミーもショーンも助けない――友情は終わりを告げた。

二〇〇〇年、ショーンは刑事に、ジミーは雑貨店経営者に、デイヴは労働者としてそれぞれの人生をおくっていた。だが、彼らはふたたび交わる――ジミーの愛娘が死体で発見され、ショーンが担当刑事になり、捜査線上にデイヴが浮かぶという最悪の状況で……

少年時代のショーンは野球が大好きだったことをうかがわせる描写がある。もし友情が壊れる「以後」がなければ、大人になった今、三人で野球をしていたかもしれない。ショーンが投げ、ジミーが打ち、デイヴが拾いショーンに球を返す。それはもう二度実現することのない光景。いつの時代でも少年たちは友情を経て大人になる。本書は次世代の読者にも友情のせつなさ・はかなさを伝えてくれる。(T・Y)

『ラスト・チャイルド』上下

ジョン・ハート
東野さやか／訳
The Last Child, 2009
ハヤカワ・ミステリ文庫

ジョン・ハートは長篇第二作となる『川は静かに流れ』の謝辞で〝家庭崩壊は豊かな文学を生む土壌であると、わたしは折にふれ発言してきたが、心からそう思う。この肥沃な土壌は、秘密や犯罪という種を蒔いて緊迫感あふれる物語にまで育てるにうってつけの場所だ〟と書いている。その言葉どおり、彼は壊れた家族という土壌から、すぐれた四篇の

小説を生み出したが、それがもっとも成功しているのは『ラスト・チャイルド』であろう。

この小説で描かれるのは、十二歳の少女の失踪事件をきっかけに壊れてしまった家族だ。警察の捜査にもかかわらず、一年の時が流れたいまも彼女の行方は杳として知れない。あのときにああしていればと後悔し、自分を、あるいは家族を責める日々。そして父親はある日突然姿を消し、母親は悲しみと怒りを薬物で癒やすことしかできなくなっている。

そんな家庭環境のなかでも、少女のふたごの兄であり、主人公のジョニーはじつに健気だ。といっても、親の言うことをきちんときく、いわゆるいい子とは少しちがう。事件のせいで屈託のない子どもでいることを許されなくなった彼は、母親の面倒をみるかたわら、学校をさぼっては、妹捜しに明け暮れている。それも、妹が戻れば家族がもとどおりになれるという一途な思いゆえだ。家族の再生を願い、ひとり奮闘する姿には胸が締めつけられる。

事件のほうも、小児性愛者による連続殺人事件をからめながら、少しずつ真相に迫っていく。家族の物語と少年の成長とミステリがみごとに調和しており、このバランスのすばらしさが現時点でのハートの最高傑作と思うゆえん。そして秀逸なラスト。最後の一文で読者も救われた気持ちになるはずだ。（東野さやか）

【アメリカ探偵作家クラブ賞最優秀長篇賞、英国推理作家協会賞スティール・ダガー賞受賞作】

『忘れられた花園』上下

ケイト・モートン
青木純子／訳
The Forgotten Garden, 2008
東京創元社

三代にわたる女たちの愛と葛藤。家族の秘密。封印された花園。『忘れられた花園』にはゴシックロマンス好きならキュンキュンしてしまうたくらみがいっぱいだ。ミステリとロマンスとサスペンスのブレンド具合も絶妙で、ドラマチックな展開にも事欠かない。だが、それだけではない。

まずは古典の換骨奪胎。古典へのオマージュとして、どこかで読んだ設定や、登場人物や、展開があちこちに出てくるのに、それがひとまとまりになると、古典そのものとはまったくちがった新しい味わいになる。古典を知る人にもそうでない人にも、驚きと楽しみを提供してくれる。いわば新古典だ。

そして構成。幼くしてたったひとりでオーストラリアにやってきたネルの物語、その孫カサンドラの物語、十九世紀から二十世紀初頭のコーンウォールのブラックハースト荘をめぐる物語。この三つの物語を交互に組み合わせていく「三つ編み構造（訳者命名）」により、視点を変えながら過去と現在を交錯させ、謎を少しずつ解き明かしていく。語りのうまさも一級品だ。読者はあれよあれよという間に、物語にからめとられてしまう。いや、「三つ編み」だけに、編みこまれてしまうというべきか。

カサンドラに残された一冊の古いお伽話集が、重要な役割を演じるのはもちろん、いくつか紹介されるお伽話が妙に怖くて意味深なのも、海外ドラマの《ワンス・アポン・ア・タイム》のようでわくわくする。

たくらみに満ちたプロットと構成、そして一級品の語り。読者は物語世界にどっぷり浸かり、眠りを奪われ、電車を乗り過ごす。そんな至福の読書体験が約束された『忘れられた花園』。これから読む人がうらやましい。

（上條ひろみ）

『二流小説家』

デイヴィッド・ゴードン
青木千鶴／訳
The Serialist, 2010
ハヤカワ・ミステリ文庫

作家のハリー・ブロックは、密かにペンネームを使い分け、様々なジャンルの小説を書いている。どの作品にもファンはいるのだが、業績的には鳴かず飛ばずだ。そんなある日、ハリーは、連続殺人を犯した死刑囚ダリアン・グレイからの手紙を受け取った。ダリアンはハリーに、ダリアンにファンレターを送ってくる女性三名を取材して、彼女たちと

ダリアンが絡むポルノ小説を自分のためだけに書くよう依頼する。そして、その小説を執筆してくれたら、まだ誰にも話したことのない事件の真相をハリーに話してもいいと言うのだ。ダリアンの話を本にまとめたら、一攫千金も夢ではない。ハリーはダリアンの依頼を受けることにして、三名の女性へのインタビューを開始する。ところがこの三名の女性が、何者かに惨殺されてしまった。その手口は、収監されているはずのダリアン・グレイのものとそっくりだった。よもやダリアンは冤罪で、真犯人は別にいるのか?

ハリーが書いているという複数のジャンルの作品（大抵はB級エンターテインメント小説である）が、本書の中では作中作として引用される。また、地の文では、ハリーが小説についての薀蓄を大量に披瀝する。読者は小説というものを否応なく意識させられるわけであり、小説そのものに思い入れがある読者は強い共感を覚えるはずだ。

一方、ハリーはモテない男性であり、調査の過程で知り合った女性に淡い想いを抱いたりもするが、果断に恋愛に飛び込む勇気はない模様である。また、作家としては売れていない上に、正当な評価を得られていないと内心忸怩たるものがあるようだ。要は自己実現が達成できておらず、その心にはコンプレックスが確かにあるといったタイプの人間なのだ。鬱屈を抱えた（内面では）饒舌な主人公が、複雑にして奇怪な様相を呈する事件に巻き込まれていく様は、二転三転するストーリーと併せて読者を楽しませる。（酒井貞道）

『シャンハイ・ムーン』

S・J・ローザン
直良和美／訳
The Shanghai Moon, 2010
創元推理文庫

〈リディア・チン&ビル・スミス・シリーズ〉は、若い中国系アメリカ人女性リディアと、中年の白人男性ビルが交互に主人公を務めるユニークなシリーズだが、個人的にはリディアが主人公の作品が好き。小柄で芯の強いリディアのキャラクターが好きということもあるが、ニューヨークの中国系アメリカ人社会の独特な風習や精神世界が関係してくる

のも大きい。なかでもシリーズ屈指の傑作『シャンハイ・ムーン』は、一九三〇年代から四〇年代にかけての動乱期の中国にスポットを当て、その時代に生きた人びとの過酷な運命をドラマチックに描いている。

ホロコースト犠牲者の遺族に財産を返還する仕事をしている女性弁護士の依頼で、とある宝石の行方を追うことになったリディア。その宝石〈シャンハイ・ムーン〉は上海に亡命したユダヤ人姉弟の姉、ロザリー・ギルダーが所有していたもので、最近中国で発掘され、持ち逃げした役人によってニューヨークに持ちこまれた可能性があるという。

古い手紙を読み、当時を知る人びとの話を聞くことで、徐々に明らかになっていくロザリーとその関係者たちの悲劇が、物語のもうひとつの軸になっており、謎の宝石〈シャンハイ・ムーン〉にこめられた思いと、それを追い求めるゆがんだ欲望の対比が見事だ。

当時の中国の様子がユダヤ人のロザリーの視点で描かれているのも、読む者に不思議な印象を与える。歴史の荒波のなかで、市井の人びとが何によろこび、何におびえ、何を大切にしてきたのか。ロザリーの手紙を読んで、中国系アメリカ人であるリディアが、自分のルーツである国の秘められた歴史を知るのだ。しかもそこには謎解きの手がかりもある。リディア同様、読者はいやがうえにも興味をかき立てられ、知られざるかの地かの時代に思いを馳せることになるだろう。

（上條ひろみ）


【本書はシリーズ第９作。シリーズ長篇は11作まで翻訳刊行されている】

『ローラ・フェイとの最後の会話』

トマス・H・クック
村松潔／訳
The Last Talk With Lola Faye, 2010
ハヤカワ・ミステリ文庫

セントルイスのホテルの薄暗いラウンジで、中年の男と女が向かい合っている。名もない三流大学の講師と生活に疲れた中年女。このふたりが、とうに記憶の底に葬り去ったはずの過去について語りはじめるのだが……。

男の名はルーカス・ペイジ。アラバマ州の片田舎のうらぶれた雑貨店の息子だったが、土埃の舞う田舎町からの脱出を夢見るようになり、ハーヴァードに進学して、無名の労働者の汗や息吹が感じられるような、画期的なアメリカ史を書くという野心を抱くようになる。だが、大学を出て教職を得たいま、彼が書くものは陳腐な歴史書、血の気の失せた小論文でしかなかった。彼がこんな抜け殻のような人間になってしまったのは、いったいどうしてなのか?

じつは、彼が故郷の町を出る前に、ある重大な事件が起こっていたことがわかる。父親が撃ち殺され、犯人の男は猟銃自殺、病弱の母親もまもなく世を去るという悲劇。それから二十年も経ったいま、ふいに彼の前に現れたのがその事件の元凶ともいえるローラ・フェイだった。かつての肉感ゆたかなブロンド娘はいまや色香の衰えたその中年女になっているが、そのなにかを探るような暗い瞳は、ときとしてふいにナイーブな少女のようなきらめきを放ち、次の瞬間には、人を射抜く冷たい鋭さをたたえているようにも見える。彼は警戒しながらもこの謎めいた女との最後の会話に引き込まれていくが、やがて、自分の人生の大前提がひっくり返されるような事実を発見することになり、物語はさらに二転三転して、思いがけない結末にたどり着く。ルーカスはなぜ彼女を警戒し、怯えているようにさえ見えるのか。ローラ・フェイはなぜわざわざ彼に会いに来たのか。ぼくたちは固唾を呑んでふたりの会話の行き先を見守ることになる。

（村松潔）

『ゴーン・ガール』上下

ギリアン・フリン
中谷友紀子／訳
Gone Girl, 2012
小学館文庫

二〇一二年、『ゴーン・ガール』の原書と出会って三年あまり。いまだに主人公ふたりのことを考えない日はない。これは、それほど強烈なインパクトを持った夫婦の物語だ。主人公のニックとエイミーは三十代の元ライター夫婦。不況と電子書籍の隆盛で失職し、ニューヨークからミズーリの田舎町に移り住んで二年になるが、結婚五周年の記念日

にエイミーが失踪し、ニックに妻殺害の容疑がかけられる。ニックの独白とエイミーの日記によって夫婦の内情が交互に語られていき、やがて驚愕の真相が明らかに。が、普通ならラストに来るはずのこの衝撃のあと、物語はさらに二転、三転し、戦慄の結末まで疾走する。

もうひとつの読みどころは、生々しく描写される主人公ふたりの内面だ。都合の悪いことは嘘や得意のスマイルでごまかすニック。努力に対する評価を求めるエイミー。どちらの独白も打算や自己弁護や独善たっぷりで、苛立たずにはいられない。

だが、作中にはふたりの人格がどう形成され、関係がなぜ変化していったのかも丁寧に描かれている。両親が書く童話の主人公のモデルとして完璧を求められてきたエイミーの息苦しさ。ライターという夢の仕事を失ったニックの惨めさ。不況のなかで閉塞感を増す社会。余裕をなくした心、何かにとらわれた心を描くのがフリンはうまい。

読後に残るのは恐ろしさ、苦々しさだろうか、あるいは痛快さだろうか。個人的には、ふたりの嫌な部分が他人事とは思えず、終始イタタ……と思いながら訳していた。

全米で七百万部を売り上げたこの作品は、二〇一四年にデヴィッド・フィンチャー監督によって映画化され、フリンが脚本を担当している。ラストの後味がやや原作と違ったものになっているので、比べてお楽しみいただければ幸いだ。

（中谷友紀子）

『世界が終わってしまったあとの世界で』上下

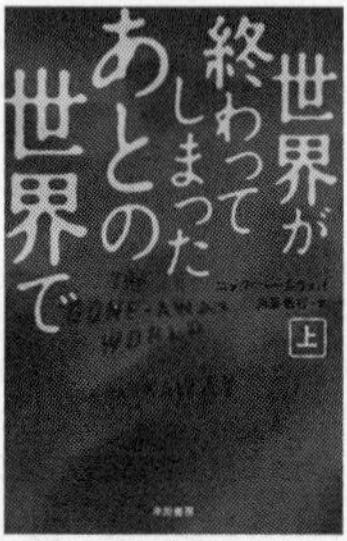

ニック・ハーカウェイ
黒原敏行／訳
The Gone-Away World, 2008
ハヤカワ文庫NV

冒頭で描かれるのは未来の風景だ。最終戦争によって文明は崩壊し、残された人々は〈ジョーグマンド・パイプ〉と呼ばれる維持装置に頼って細々と生きている。その装置が大火災によって危機を迎えるのである。トラブルシューターとして働く〈ぼく〉と親友ゴンゾーは依頼を受け、火災を消しとめるために死が約束された使命へと飛び込んでいく。

――という内容の第一章が終わると話はがらりと変わる。〈ぼく〉のハイスクール時代を描く青春小説になるのだ。〈ぼく〉は一念発起して〈声なき龍〉なる拳法の伝承者であるウー・シェンヤンに弟子入りする。〈声なき龍〉を滅ぼそうとする悪の忍者たちの存在が判明し、そこから物語は一転してカンフー・アクション劇の様相を帯びてくる。

――という内容の第二章が……というように章が変わるごとに話があちこちに飛び、果たしてこの小説はどこに行ってしまうのだろうか、と不安にさせられるのが『世界が終わってしまったあとの世界で』だ。作者ニック・ハーカウェイはスパイ小説の大家ジョン・ル・カレの息子であり、本書で作家デビューを果たした。若さゆえか才気煥発して臆するところがなく、右に紹介したとおり、さまざまなジャンル・フィクションの要素を怒濤の勢いでパッチワークし続ける。だが、全体の六割が経過したところで、とんでもない事態が起きる。それまでの寄せ集め感が一気に解消され、すべての要素が集結し始めるのだ。そこからクライマックスまでは一気呵成の勢いである。つまり、蓋を開けてみれば古式ゆかしい伏線回収の技術がプロットの中枢に据えられているのだが、さまざまなジャンルを横断して大胆に素材をかき集めてきたところが実におもしろい。こういう技術も小説にはあるのか、と感心することしきりで、これに追随する書き手が現われたらミステリのルネッサンスも夢ではないだろう。続篇『エンジェルメイカー』も傑作だ。

（杉江松恋）

『ピルグリム』（1〜3）

テリー・ヘイズ
山中朝晶／訳
I Am Pilgrim, 2013
ハヤカワ文庫NV

敵と味方による激烈な闘争。単純明快な話だ。「9・11」以降、最悪のアメリカ本土襲撃バイオテロ作戦。仕掛けるのは「サラセン」、迎え撃つのは伝説のスパイ「ピルグリム」。ともに卓越した能力をそなえた個人による個人戦だ。戦場のスケールは国際的。テロはどこを起点とし、どんな手段で侵入してくるのか。貧者の正義を糾合する戦士による破壊計画。世界を支配し、地球上すべてに電子監視システムを整備する超帝国の「代表選手」は、それを阻止できるのか。明快すぎるほどの構図でありながら、陰翳深い物語だ。その要因の多くは、語り口にある。彼「ピルグリム」による一人称。名前の無い内面を持たないスパイの履歴が語られる。ル・カレ風の空虚そのものの人間像だ。

第二部は、彼の主観をとおして語られる「サラセン」の物語。追跡者の観点によるテロ計画。彼は自分についてより敵にたいして多くを語る。それはテロの実相だが、同時に「われわれの」恐怖の投影でもある。

「この二人の対決」の中間には、もう一人の人物が立つ。いったんは隠遁した彼をふたたび諜報世界に復帰させる黒人刑事だ。「9・11」の生き残り。古傷を持った刑事は、ツインタワー攻撃によって傷つけられたアメリカの心臓部を象徴化する人物でもある。

「ピルグリム」の空虚さ（そして、時折り示される「サラセン」への共感）は、刑事の体現する「絶対正義」によって、本来の対決に引きもどされる。「9・11」への復讐感にみちた作品も少なくないが、あまりに直接的なものは忘れ去られていくだろう。本書も、そうした復讐感とまったく無縁とはいえないが、単純な回答に導くものではない。テロリストを「退治」すれば正義を保てると安心させるような物語とは異なる。

核戦争壊滅後の世界を描いた《マッドマックス2》の脚本家の小説デビュー作。（野崎六助）

【（1）は、『ピルグリム（1）名前のない男たち』】
【（2）は、『ピルグリム（2）ダーク・ウィンター』】
【（3）は、『ピルグリム（3）遠くの敵』】

『その女アレックス』

ピエール・ルメートル

橘明美／訳

Alex, 2011

文春文庫

ある男に拉致されたアレックスは、倉庫のような建物で意識を取り戻し、狭い檻の中に監禁されてしまう。男は彼女を殺害するつもりらしい。やがてアレックスは男の正体と、自分が誘拐された理由に気づく。私はここで死ぬわけにはいかない、やらなければならないことがあるのだから……。一方、有能だが悲劇的な過去のせいで心に傷を負ったカミー

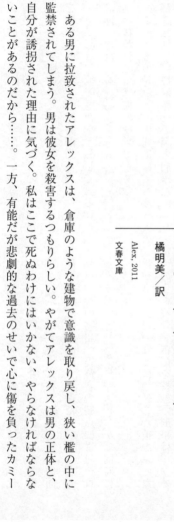

ユ・ヴェルーヴェン警部をはじめとするパリ警視庁の刑事たちは、女性が拉致されるのを見たという通報を受けて捜査に取りかかったが……。

北欧ミステリ、ドイツ語圏ミステリの流行の背後で、しばらく冷遇されていた印象もあるフランス・ミステリ。しかしピエール・ルメートル（一九五一〜）の代表作である本書は、各種年間ベスト選出の企画で一位を総なめし、近年の翻訳ミステリ界では異例の大ベストセラーとなった。アレックス視点の章と警察視点の章のカットバックで進行する構成自体は珍しくないけれども、とにかく前者の展開が先が読めないため、読者は得体の知れない不安に包まれながらも途中で読むのを止められない。そして何よりも、アレックスという女性の印象が、読み進むにつれて刻々と変わってゆく過程から目が離せないのだ。また警察視点の章は捜査小説としてスリリングだし、この事件に取り組むことで自己再生を果たすヴェルーヴェンたち警察官ひとりひとりが愛すべき個性の持ち主として描かれている。ボアロー&ナルスジャックやフレッド・カサックといった往年の名匠たちのトリッキーな作風を継承しつつ、キャラクター造型などに現代的な要素を取り入れた、フランス・ミステリの進化形がここにある。

著者の作品では他に『死のドレスを花婿に』が邦訳されている。こちらも、予測不可能な展開とタフなヒロインの魅力で読ませるサスペンス小説の逸品だ。（千街晶之）

【英国推理作家協会賞インターナショナル・ダガー賞受賞作】

海外ミステリ作家論

評論

名探偵のア・ラ・モード

横井司
（ミステリ評論家）

現在までのジェフリー・ディーヴァーの作家活動を俯瞰したとき、大まかにいって、その作風を前期と後期に分けることができる。

前期においては、マンハッタンに住む夢見がちな二十歳の女の子ルーンを主人公としたシリーズ（『汚れた街のシンデレラ』［一九八八九］他）や、映画のロケハンを職業とするジョン・ペラムを主人公としたシリーズ（『シャロウ・グレイブズ』［九二］他）などが書かれており、当初はシリーズ・キャラクターを有したペイパーバック・ライターとしてキャリアを始めたような印象を受けたが、そもそものデビュー作である *Voodoo*（八八）はノン・シリーズのスーパーナチュラルなオカルトものであり、*Always a*

Thief（同）は美術品窃盗犯を主人公とした犯罪小説だから、必ずしもシリーズ・キャラクターにはこだわっていなかった。他に *Mistress of Justice*（九二）というリーガルものも書いているが、『死の教訓』（九三）あたりからサイコ・スリラーに軸足を移し始めており、『眠れぬイヴのために』（九四）がスティーヴン・キングに絶賛され、それが本国でのブレイクのきっかけとなった。

ブレイク前のディーヴァーは、例えばシリーズものであれば、シリーズ・キャラクターを中心に事件の経過が描かれていく、というスタイルだった。のちの〈リンカーン・ライム〉シリーズに比べると、シリーズ・キャラクターは整然とした行動原理を確立しているわけではなく、合理的というよりは気まぐれで、それがキャラクターの魅力に与《あずか》ってはいるものの、これぞディーヴァー印といった作風は、まだ確立されていなかったように感じられる。それがノン・シリーズものになると、その後の〈リンカーン・ライム〉シリーズに通じるような、ツイストの連打というスタイルが顕著に見られるようになってくる（未訳作品は未読につき、このスタイルに当てはまるかどうかは分からない）。特に『静寂の叫び』（九五）は、日本においても高い評価を得ており、ディーヴァー印が完成したという印象を受ける。

後期の作家活動を形成しているのは、『静寂の叫び』に続いて刊行された〈リンカーン・ライム〉シリーズの第一作『ボーン・コレクター』（九七）と、それ以降の作品群である。

『ボーン・コレクター』は、事故によって四肢麻痺となり、首から上と左手の小指しか動かせない状態にある天才的な犯罪学者が、最新の科学機器を使い、様々なデータを収集・駆使し、論理的な推理と洞察で犯人を追い詰めていくという物語で、シャーロック・ホームズやジョン・ソーンダイク博士の現代的なリメイクであり、自宅にいたままで犯人を追いつめるスタイルは、安楽椅子探偵そのものだった。リンカーン・ライムとアメリア・サックスの関係は、ネロ・ウルフとアーチー・グッドウィンの再構成であるという意見もある。また、犯人のプロファイルを作成するために、ホワイトボードに分かったことを書き付けていき、そこに記されたデータを踏まえて推理を構築していくスタイルは、謎解きミステリにおけるフェア・プレイの精神にも適っており、現代における本格ミステリの完成形といえる出来ばえを示している。

〈リンカーン・ライム〉シリーズは本国でも支持を受け、読者の要望で続篇が書かれるようになる。最初は長期シリーズ化を意図していなかったものか、パーカー・キンケイドという筆跡鑑定の専門家を主人公に据えた『悪魔の涙』（九九）や、天才的なハッカーと、連続殺人鬼でもあるハッカーとの知的攻防を描いた『青い虚空』（二〇〇一）といったノン・シリーズものも並行して書いていたが、これらはリンカーン・ライム・スタイルの変奏に過ぎないともいえる。そのためか、ライム・シリーズを定期的に発表していくようになり、二〇〇七年には、ライム・シリーズのゲスト・キャラクターだった人間嘘発見機キャサリン・ダンスを主人公とする長篇『スリーピング・ドール』を上梓。以後、キャサリン・ダンスもシリーズ・キャラクターとなり、現在、第三作目の『シャドウ・ストーカー』(二〇一二)までが翻訳紹介されている。

ノン・シリーズものでは他に、逃走と追跡の物語である『獣たちの庭園』(二〇〇四)と『追撃の森』(二〇〇八)、ボディーガードと暗殺者との知的攻防を描く『限界点』(二〇一〇)、イアン・フレミングのキャラクターを甦らせた『007白紙委任状』(二〇一一)があり、『クリスマス・プレゼント』(二〇〇三)、『ポーカー・レッスン』(二〇〇六)という二つの短篇集がまとめられている。短篇の方でも、巧妙なツイストが仕掛けられている作品がほとんどで、高い評価を受けている。

ジェフリー・ディーヴァーの作品、特に〈リンカーン・ライム〉シリーズにおいては、名探偵の現代的な復活と同時に、サイコ・キラー的な犯人を設定することで、怪人対名探偵という、江戸川乱歩的な物語パターンを、より先鋭的な形で現代に復活させることになった。ここで、より先鋭的というのは、本格ミステリとしてテクストに求められる知的闘争や犯人の意外性を犠牲にせずに、古くからの物語パターンを現代的かつリアルに再現している点を踏まえてのことだ。それが可能になったのは、未詳の殺人犯に対してコードネームを付けるという方法によってである。例えば『魔術師《イリュージョニスト》』は、同じタイトルが江戸川乱歩のいわゆる通俗長篇にあるというだけで、ワクワクさせられたが、作中に出てくる犯人の魔術師が行なうケレン味のあるトリックは、まさに乱歩通俗長篇の世界を現代に甦らせたかのようだった（その伝でいえば『バーニング・ワイヤー』はディーヴァー版『電人M』ということになる）。

また、こうしたコードネームの採用によって、語り手（＝作者）が未詳の犯人の内面を描写することが可能になった。そのために、確信し予想していた展開とは異なる事態に直面した犯人の驚愕が描写されるようになり、あとでライムがどのようにして犯人の裏をかいたかを説明することで、読者がカタルシスを感じるという効果をもたらすことができるようになった。ディーヴァーの作品が、良質の本格ミステリのような知的興奮をもたらすのは、そうした物語構造に拠るところも多いように思われる。

本格ミステリ云々とは別に、絶対的に優位な存在である殺人犯の権力性を揺るがすライムのパフォーマンスが読み手に与える爽快感は、一度でも〈ライム〉シリーズを読んだ読者であれば、中毒性をもたらすカタルシスであることは間違いない。

ディーヴァーの作品、特に〈ライム〉シリーズの面白さを根底から支えているのは、アメリカ由来の哲学思想といわれるプラグマティズムなのではないかと思われる。この点について、以下、大賀祐樹『希望の思想　プラグマティズム入門』（筑摩書房、二〇一五）に拠りながら、プラグマティズムについて祖述してみよう。

プラグマティズムの創始者は、一般的にチャールズ・パースだとされている。パースのプラグマティズムは「概念の意味は、結果としてどのようなものを生み出すのかによって決まる」（大賀、前掲書）という考え方だ。伝統的な西洋哲学理性的な思考の積み重ねによって真理に到達できるというものだったが、パースはこれに対して、観察された事実に立脚して帰納的に導き出されるものが真理である、という考え方をする。このパースの考え方を普及させたのがウィリアム・ジェイムズだが、パースとジェイムズの考え方には微妙な違いがある。

パースにとって「真理」は、同じ条件で何度も検証でき、誰がそれをしても同じ結果に至るようになることで、複数の人びとに共有され得るものでなければならなかった。それに対してジェイムズは、ある人にとって「真」であり、その「信念」によってよい結果がもたらされるのであれば、たとえそれが検証不可能で、他人か

らすれば明白な誤りであっても、「真理」であると考えていた。(大賀、前掲書)

ここで「真理」といわれている部分を「真相」といいかえると、パース的な「真理」に対する考え方と、ミステリにおける真相の捉え方との親近性がはっきりする。ただし、ここでの「真理」ないし「真相」を、唯一絶対の真理というふうに捉えてしまうと、プラグマティズムの重要な考え方のポイントを押さえ損ねてしまう。パース的な「真理」にしても、あくまでも観察された事実に基づいて導き出される限定的なものであり、それが複数の人々に共有されることで、とりあえず正しいと認められるものであるに過ぎない。したがってジェイムズの考え方にしても、「真理」ないし「真相」という考え方を重視する立場からすれば違和感を覚えるかもしれないが、「よい結果がもたらされる」というところにポイントを置けば、パース的な考え方と通底する。複数の人々が共有し納得するのは、それが今のところ、他の真理(=真相)と比べれば「よい結果」をもたらすからである。

こうしたプラグマティズムの考え方をさらに展開したのがトマス・デューイである。デューイの考え方によれば、解決を要する問題に直面した時、人は次のような行動をとるという。

問題解決のためには、それがいかなる状況で生じているのかを観察し、何が問題であるかを明確化しなければならない。その場において、その状況を成り立たせている全ての要素を検証するのは困難だが、ある程度の情報が得られれば、何が問題であるかを明確にし、適切で実現可能な解決法を導き出すことができるだろう。観察に基づく情報がより多く集まり、その内容が精確になればなるほど、問題解決のための処方箋も、より的確なものになっていく。（大賀、前掲書）

こうした探求の方法論は、リンカーン・ライムを通して描かれる真相解決の流れと全く同じであるように思われる。事件のプロファイル用にホワイトボードに書き込まれていく情報が、物語が進むにつれてどんどん増えていくという展開は、〈ライム〉シリーズでお馴染みのものだ。

こうしたプラグマティズムの考え方は、近年話題となった後期クイーン的問題という論題を考える上でも有用だと思われる。後期クイーン的問題のポイントは、一度、探偵役が犯人の用意した偽の手がかりによって推理を誤るというイベントが作品内で描かれてしまうと、探偵が推理のために依拠する手がかりが、偽の手がかりであるかどうかの信頼性は、作品世界内においては保証され得ないということである。そのために、特に日本の本格ミステリ界において、様々な試みがなされてきた（詳しくは諸岡卓真『現代本格ミステリの研究――「後期クイーン的問題」をめぐって』〔北海道大学出版会、二〇一〇〕を参照のこと）。エラリイ・クイーンのミステリは、意外な真相の面白さではなく、意外な推理の面白さを楽しませるテクストだと論ずる飯城勇三は、「読者への挑戦状」が手がかりが本物であることを担保するという考え方を示して、後期クイーン的問題に応えている（詳しくは『エラリー・クイーン論』〔論創社、二〇一〇〕を参照のこと）。この飯城の考え方は、クイーンのミステリをプラグマティズムの観点からとらえ直す時、強度を増すだろう。読者への挑戦状が提示されたその時点で、推理の結果、複数の人々を納得させる「真相」が提示されれば、それは正しく真相なのだと、とりあえずは見なす、というのが、プラグマティズム的な「真相」の捉え方というべきだからだ。後期クイーン的問題というのは、西洋形而上学における絶対的な真理を把握することへの希求が前提となっているからこそ、問題として前景化してくるものなのだと考えることもできる。

邦訳されたものでは最新作である『ゴースト・スナイパー』（二〇一三。以下、引用は池田真紀子訳から）の最後で、リンカーン・ライムが映画《ダーティハリー2》から「人間は己の限界をわきまえなければならない」という台詞を引く場面がある。限界の中で、己の能力が研ぎ澄まされたことを受けとめた上での引用なのだが、ライムの介護士であるトムは、そうした文脈を踏まえて「人間は己の強みを知らなければならない」と言い換えてみせる。ライムが自らのありようを引き受ける場面における、この「人間は己の限界をわきまえなければならない」という言葉は、プラグマティズム思想の前提をよく示しているように思う。限界を超えられるという考え方が、真理に到達できるという考え方や、自分が到達したのは絶対的な真理であるという考え方に人間を陥れ、人間から謙虚さや寛容さを奪う。「人間は己の強みを知らなければならない」とトムが言い換えることで、「限界」こそが「強み」であるという意味になる。限界の中で最善の判断をすることが人間の務めなのである、と書かれているようにも読めてしまうのだが、これはうがち過ぎというものだろうか。

『ゴースト・スナイパー』は人間の「限界」に人間の可能性を見出しているが、それこそが〈リンカーン・ライム〉シリーズの全篇を通じて訴えかけているものではないだろうか。ここに、思想と謎解きミステリとの幸福な出会いを見出すことができると共に、現代を生きる私たちにとっての〈ライム〉シリーズの重要性が示されているといえそうだ。

【初出《ミステリマガジン》二〇一五年五月号】

評論

デニス・ルヘイン

池上冬樹
（文芸評論家）

まずは、最新作『ザ・ドロップ』の話からはじめよう。

これは短篇「アニマル・レスキュー」（《ミステリマガジン》二〇一一年一月号所収）がミヒャエル・R・ロスカム監督で映画化されることになり、自ら脚本を手がけ、長篇に仕立てた作品だという。長篇といってもポケミスで百八十頁強、およそ三百五十枚の短い作品であるが。三百五十枚といったら充分に普通の長篇小説ではあるものの、一千枚を越える作品が多いポケミスでは薄い。それでも、物語は厚い。

バーテンダーのボブが小犬を拾ったことで、女性と知り合い、その女性が付き合っていた前科者と出会い、それなりに平穏な日常が狂いだすという物語である。ボブがつとめるバーは、もともと従兄弟のマーヴとボブが経営していたものだが、チェチェン人に乗っ取られ、いまや雇われマスター&バーテンダーにすぎない。チェチェン人が裏社会でもうけたものを一時預かる所(ザ・ドロップ)でもあった。やがて強奪事件がおきて、チェチェン人たちが表に出てきて、さらに行方不明になっていた男の話も浮上して、事件の行方が容易に見えなくなる。

人物たちの役割や物語の設定だけを見ると、よくあるものだし、読者の心を揺り動かすものはほとんどないのに、中盤から後半にかけて引き込まれ、やりきれない思いがしてくる。ある男が深く事件に巻き込まれてしまったことを感じ、いまさらながらいまの(どうみてもさえない)生活と人間関係に未練を覚える。「だが、修復のしようがない。つまるところ人生は後悔だ」とさとる。また別の男は、もっとも好きな女の眼に、「よく理解できないものがあるのに気づいた。興奮でも、気取りでも、勝者の笑みでもないのは確かだった。もしかすると、どれよりも悪いもの——絶望だった」と知る。

〝人生は後悔だ〟とか〝絶望だった〟とか、とりだしてみれば色あせる表現なのに、ルヘインの小説では何と力強く、心に響くことか。やっぱりルヘインはいい。たたえる詩情、なんともいえないロマンティシズムがある。罪と後悔と絶望にふちどられたロマンティシズムが。またこれほど神の存在をといかける小説もいまでは珍しいだろう。

一言でいうと小説がうまいということにつきるが、これは傑作短篇集『現代短篇の名手たち1 コーパスへの道』を読むとわかる。ここには七篇収録されていて、いずれも佳作以上。ベトナム帰還兵たちの愛と欲望と妄想を描く「犬を撃つ」、目的を見失った若者の暴走「コーパスへの道」、殺し屋との皮肉な関係「マッシュルーム」なども見事だが、『コーパスへの道』の白眉は、出所した息子と出迎える父親の確執を描く「グウェンに会うまで」であり、その短篇を基にした戯曲「コロナド——二幕劇」だろう。

さきほど最新作『ザ・ドロップ』で、短篇→映画の脚本→長篇という成り立ちを説明したが、いかにルヘインが媒体によって物語の趣向を変え、ストーリーを変えて変化をもたせているかが、ここでは一目瞭然。つまり、意外なオチのある犯罪小説「グウェンに会うまで」を、哀歓ただよう群像劇「コロナド——二幕劇」へと変貌させているのである。しかもルヘインの底知れぬ挑戦を示した『シャッター・アイランド』のトリッキーさも健在で、中盤から実にスリリング。ミステリとしても、人間ドラマとしても読ませる秀逸な作品に仕立てている。

こういう技巧、つまり劇作家としての技巧の冴えをみせられると、小説だけにとどまらない理由もわかる。著作リストを見るとわかるが、デビューは一九九四年だから、二十年間でわずか十二作しかない。『ミスティック・リバー』『シャッター・アイランド』で不動の人気作家になり、また映画的成功もあり、ハリウッドに招かれての仕事もあったのだろうが、でもルヘインは小説を大事にする（詳細は『ザ・ドロップ』訳者あとがきの「アマゾン・ドットコムのインタビュー」参照）。振り返れば、デビュー作『スコッチに涙を託して』からして量産のきく作風ではなかったし、一作一作大事にしてきた。

私立探偵パトリック＆アンジーものの第一作『スコッチに涙を託して』にはじめてふれたときの昂奮は、いまも覚えている。まず何よりも文章の密度の濃さと、人物の性格の深さに驚いた。デビュー作なのに、まさに「小説」としての味わいが豊かだったからだ。

この小説は、ボストンの私立探偵パトリックとアンジーが、上院議員の依頼で、盗まれた重要書類を追求するうちに、ギャング同士の抗争に巻き込まれる内容である。物語は一見凡庸に見えるけれど、語り口は繊細そのもの。これほど被害者に憐れみを、犯罪に対して悲しみを、社会に対して怒りをこめた作品もまれだろう。

そもそも主人公二人の関係が複雑だった。夫に殴られながらも離婚しないアンジー、彼女に思いを寄せるパトリック。アンジー自身もまたパトリックにある種の感情を抱いているが、絶対に一線は越えない。この辺りの微妙な、やるせない葛藤がたまらなくいい。

もちろん物語の主題である父と息子の愛憎、男女と人種間の溝、そして児童虐待の悲劇も、決して新しくないけれど、ヒーローの視線が限りなく優しいので、極めてエモーショナルに響く。詩情豊かな、忘れがたい新人のデビュー作で、これは絶対の買いだろうと思ったし、あちこちで褒めた。

でも、たいていは二作目でやや落ちる。力をためて、そこその作品を発表して、三作目にそなえる。シリーズものとしていかに長く書き続けるかという視点での戦略をたて、全力で書こうとしなくなる。だがルヘインは違っていた。第一作を越えるべく、興趣をもたせる内容にした。私立探偵パトリック&アンジーものの第二弾『闇よ、我が手を取りたまえ』は、『スコッチに涙を託して』以上に迫力に富み、劇的だった。一言でいうなら、『スコッチ』を読んだとき、ルヘインはここ数年の私立探偵小説の新人のベスト1と思ったが、『闇よ、我が手を取りたまえ』を読んで、ルヘインが将来ジェイムズ・クラムリーやローレンス・ブロックなみの大家になることを確信した。とても二作目とは思えないほど世界は広く深いのだ。

アイリッシュ・マフィアに脅されているという精神科医の依頼により、二人が脅迫の背景の調査を開始すると殺人事件が起き、やがて二十年前に隠蔽された事件が浮かび上がり、冷酷な殺人者が姿を現わす、という趣向である。まず、この小説は、絶対悪との戦いを描いた自警団ハードボイルドとして読めるだろう。さらに連続殺人鬼を追及するサスペンスとして、またひねりのきいたフーダニットとしても興趣に富む。読み始めたらやめられないほど驚きと起伏があるけれど、作者の関心は、幼い頃に父親に虐待をうけたパトリックの人生とアンジーとの愛に向けられている。前作から続いているこの脇筋が本書で劇的な転換を迎え、やるせない哀しみとそこはかとない孤独感、そして微かな希望を醸して終わりとなる。いったい二人はどうなるのか。男女の私立探偵の過去と現在を描く大河小説の一冊になるのではないかと期待させるほど詩情に満ちて深く酔わせる。二冊を読んで、間違いなく、八〇年代半ばから十年間におけるハードボイルドのベスト・シリーズだと思った。

しかしルヘインには、もっと本格的な作家としての底知れぬ力があることを示したのが、『ミスティック・リバー』である。三人の男の人生が微妙に交錯する物語で、テーマは子供時代の性的虐待。それが人を狂わせ、悲劇へと導く過程をエモーショナルに捉えている。ルヘインらしい繊細で心温まる（でも決してハッピーエンドとはいえない苦みの残る）力作。ここでも全篇に漂う、やるせない哀しみとそこはかとない孤独感がとりわけ印象的だ。

ルヘインは、この『ミスティック・リバー』で大いなる成功をつかんだ。ベストセラーを記録し、数十万部を短期間で売り上げ、クリント・イーストウッドによって映画化され、世界的にヒットしたことはご存じの通り。原作に忠実な映画化で、ルヘイン作品の特徴といってもいい、やるせない哀しみがきちんと物語の底に流れていた。

この〝やるせない哀しみ〟はルヘインの通奏低音といってよく、『ミスティック・リバー』と同じころに翻訳された『愛しき者はすべて去りゆく』にも流れている。この小説は私立探偵パトリック＆アンジーものの第四作で、探偵たちは少女の失踪事件を追及する内容だが、ここでは私立探偵小説にありがちなコース（殺人の発生↓家族の秘密の露呈）を辿らないし、サスペンス小説の展開（誘拐を中心とした小説）にもならない。ルヘインは視点をおきかえて、もっと驚くような方向に物語を運んでいく。社会問題化している子供の行方不明事件を見据えた社会派ミステリとして奥行きが深いけれど、対立が顕著になるパトリックとアンジーの愛の物語、そして毎回深く追求される神の存在をめぐる宗教文学としても読ませるのである。

それにしても、『ミスティック・リバー』やハードボイルド・シリーズの深化など、まさにルヘインは小説巧者である。その巧者ぶりは、『シャッター・アイランド』でさらに発揮される。『ミスティック・リバー』での大成功をおさめた以上、その流れにそっていけば作家として安泰なのに、そういう道を選ばない。担当編集者には〝クライム・フィクションの方向をかえていきたいんだ〟と語り、《パブリッシャーズ・ウィークリー》のインタヴューでは、〝『シャッター・アイランド』に関しては悪評を期待しているんだ〟とさえ述べた。

まず、舞台は現代ではなく一九五四年の夏。連邦保安官のテディ・ダニエルズはパートナーのチャック・オールとともに孤島のひとつ、シャッター島に向かう。そこには精神を病んだ犯罪者専用の精神病院があり、そこで女性患者が忽然と姿を消した事件が起きた。女性患者は鍵のかかった部屋からいなくなったのだ。まるで壁を抜けて蒸発してしまったような密室状況。しかも医師によると、化粧箪笥の裏には、意味不明の文章が綴られた暗号文のようなメモが落ちていた……。

孤島、密室、暗号とくれば本格ミステリ。中盤には嵐が孤島を襲い、不可思議な事件が続発するというから、お膳立てはまさに黄金期のミステリ。犯罪小説の流れを変えたいといい、悪評を期待するというから、本格ミステリへの挑戦とみるかもしれないが、味わいはルヘインなのである。本格趣味に彩られているし、最後には大きな驚きも用意されていて、実際トリッキーな本格ものだが（マーティン・スコセッシの映画《シャッター・アイランド》は意味ありげでどんでん返しが見え見えだったが、小説は違う）、同時に憂愁にみちた心理サスペンスであり、最終的には男のやるせなさが打ち出されるノワールとして完結する。ルヘインの力技の勝利だ。

力技というほどではないが、私立探偵パトリック&アンジーものに結末をつけたのが、『ムーンライト・マイル』である。シリーズ第四作『愛しき者はすべて去りゆく』の後日談で、十二年前に探し当てた幼女アマンダが、十六歳になったいま再び姿を消し、その行方を追求する物語だ。幼児にとって、彼女を誘拐した最良の養父母の元におくべきなのか、それとも最悪の親と環境に連れ戻すべきなのかが、再び形を変えて鋭く迫ってくる。ここでは何が正義かを問い、正解のないところでいかに事件を解決に導き、いかに人を許すのかが眼目になる。そこにパトリックとアンジーの未来をかけ、しみじみとした余韻を残してシリーズに幕をおろしている。ルヘインらしい円熟味のある大団円だ。

私立探偵パトリック&アンジーものは、信仰、罪と罰、正義のありかなどを深く掘り下げた現代小説としての手応えがあるけれど、それに「家族」と「愛」の問題をより厚く加味して、ルヘインはより文学的世界を深めていく。それが歴史小説の『運命の日』と『夜に生きる』である。『運命の日』は、第一次世界大戦後のボストンを舞台にした警官小説で、組合活動やテロなどで騒然とした時代のなかで、前途有望な警察官ダニーと、黒人の若者ルーサーが出会い、友情を深めていくものの、やがて大きな試練に見舞われるという内容。『夜に生きる』は、ダニーの弟のジョーが主人公。市警幹部の息子ながら、今はギャングの手下になっていたジョーが、強盗に入った賭博場でエマと出会い、恋に落ちるものの、彼女は対立組織のボスの情婦で、大いなる試練が続くという物語だ。

前者はミステリ的な興趣はないが、本格的な歴史絵巻のようなところがあり、また家族の問題を正面から見すえていてたっぷりと読ませる。後者は、二〇年代から三〇年代にかけてギャングとしてのしあがる警察官の息子の物語で、男たちの友情と憎悪と復讐を効果的に配して、変遷や流転をダイナミックに活写している。書評にも書いたけれど、ルヘインらしい情感豊かな恋愛があり、熱い家族愛があり、憎悪と懺悔と信仰心をめぐる複雑なドラマがあり、何とも切ないのだ（特に幕切れが！）。ルヘインはこの小説で、アメリカ探偵作家クラブ賞の最優秀長篇賞を獲得した。

三部作の完結篇 *World Gone by* も、今年三月に出た。第二次世界大戦中のキューバやフロリダを舞台にして、『夜に生きる』のジョーのその後の活躍を描いているようだ。

さきほど僕は、第二作『闇よ、我が手を取りたまえ』を読んだとき、ルヘインが将来ジェイムズ・クラムリーやローレンス・ブロックなみの大家になることを確信したと書いた。でも、ハードボイルドからクライム・ノヴェル、トリッキーな本格、ノワール、さらに歴史小説と世界を広げ、深化をとげて、いまやクラムリーやブロックなみの大家（いやひょっとしたら越えているかもしれない）になっている。ルヘインの前ではあらゆるジャンルがなくなり、ただもうルヘイン文学があるだけである。ずっと見守っていきたい作家だ。

【初出《ミステリマガジン》二〇一五年五月号】

評論

トマス・ハリスとハンニバル・レクター

柳下毅一郎（翻訳家）

作家が作品にとりつかれることがある。作品が作家よりも大きくなってしまうことが。トマス・ハリスは優れた作家だったが、彼の生みだした作品は彼自身よりも大いなるものだった。怪物の名はハンニバル・レクターという。

ハンニバル・レクターが最初に登場したときには、彼は単なる小説上の一キャラクターにすぎなかった。一九八一年の『レッド・ドラゴン』の主人公は連続殺人犯〝歯《トゥース・フェ》の妖精《アリー》〟を追うFBI捜査官ウィル・グレアムである。殺人鬼の精神に同化することで事件を推理するグレアムは、犯人を見つけ出すために、かつて自分がとらえた連続殺人鬼ハンニバル・レクター博士にアドバイスを求める。レクター博士は九人を殺し、その肉を食べた人食いの医師である。だがその天才的頭脳によって、獄中にありながらも犯人を推理することができるという。レクターはグレアムにウィリアム・ブレイクの絵に取り憑かれた異常者のことを教える。だが、レクターには犯人をとらえる以外の企みがあった……

『レッド・ドラゴン』はあくまでも狡猾な異常殺人鬼と異能捜査官との対決を描くサスペンス・アクションで、レクターはその二人の対決を横から煽りたてる第三の存在だった。キャラクターはいずれも派手に立っており、ヴィジュアル的にも映える。タイトなプロット、派手な対決、明解なキャラクター、あざといほどの残虐趣味……それこそがトマス・ハリスの小説をハリウッド向きのベストセラーに仕立てた要素である。長篇第一作、一九七五年に発表した『ブラックサンデー』からその点は一貫していた。パレスチナ・ゲリラによるスーパーボウル会場テロ計画を描く『ブラックサンデー』はジョン・フランケンハイマー監督の手で映画化され、大いに話題になった（日本では匿名の脅迫を受けて公開中止となった）。

続くハンニバル・レクター登場作『羊たちの沈黙』も、話の基本構造には変わりはない。若い女性を誘拐しては生皮を剝ぐ連続殺人鬼〝バッファロー・ビル〟を追いかけるＦＢＩの訓練生クラリス・スターリングは、彼についての情報を持っている監獄のハンニバル・レクター博士を訪れる。レクターはクラリスに興味を示し、バッファロー・ビルについて教えるのと引き替えに、彼女の個人情報を要求する。会話を通じて徐々にクラリスの心の中に入り込んでいくのである。

ここでもやはり異常性愛の連続殺人鬼と彼を追うFBI捜査官の対決にレクターが第三の存在として絡んでいく。ただひとつ違ったのはFBI捜査官が女性だったことだ。そのためにレクター博士の存在は『レッド・ドラゴン』よりはるかに大きく深くなった。『羊たちの沈黙』ではバッファロー・ビルとレクター博士の知恵比べだけでなく、レクター博士とクローフォドFBI行動科学課課長、クラリスの三角関係もテーマになる。『レッド・ドラゴン』以上に二人の精神異常殺人者《サイコ・キラー》同士の対決色が強くなった。

『羊たちの沈黙』は一九八八年に発表され、九一年にジョナサン・デミ監督の手でジョディ・フォスター、アンソニー・ホプキンス主演で映画化される。映画はアカデミー主要五部門を獲得し、大ヒットとなった。この映画のおかげで冷静沈着な異常者たるレクター像は確立したのだと言える。アカデミー主演男優賞を得たアンソニー・ホプキンスは、レクター博士を一種の超人として演じてみせた。つまり彼は知的に卓越しすぎているがゆえに善悪すらも踏み越えてしまう。凡人の理解を超越した怪物なのであり、それゆえに我々を魅了する。

一九九二年にはロバート・K・レスラーの『FBI心理分析官』が発売される（邦訳は九四年）。レスラーはFBI行動科学課の創設メンバーの一人であり、連続殺人鬼への聞き取り調査をおこなった人物でもある。トマス・ハリスが『レッド・ドラゴン』、『羊たちの沈黙』を執筆する際のモデルとなったともされる。レスラーが次々に開陳してみせる異常殺人者たちの残虐行為と奇怪な執着は怖いもの見たさの感情も充分に満足させ、適度な悪趣味によって大いにアピールした。何よりも、それはすべて本当にあったことなのだ。

『羊たちの沈黙』と『FBI心理分析官』の大ヒットにより、「サイコ・ホラー」のブームが巻き起こった。超自然的な悪ではなく、奸知にたけて残虐行為に執着する異常犯罪者がホラー小説やホラー映画の悪役になったのである。彼らは我々と同じ顔をして、すぐかたわらに潜んでいる。彼らが何を考えているのかは誰にもわからない。理解できず、何をするかわからない人間こそがもっとも恐ろしい怪物なのである。かくしてグロテスクな死体工作と予想外のどんでん返しを旨とする「サイコ・ホラー」映画や小説が量産されることになった。

映画監督黒沢清は「『羊たちの沈黙』を見て、理性ある人間でもいけるんだと思って、変えたんですよ。喋るし、何か超然としたことを考えていそう。でも、まともに喋って通じる相手にも見えない。つまり異常者なんですけど、通常狂ってるっていうのとはニュアンスはだいぶ違っていて、やたら確信に満ちている。まあ、悪魔といえばいちばん近いのかな。でもレクター以前は、殺人鬼とモンスターの違いは歴然としてました」(『恐怖の映画史』)と述べる。トマス・ハリスは悪の定義を書き換えた。それはたぶんハリス自身すら意図しなかったことだった。

ハリスはもともと異常殺人者への鋭敏な感性を備えていた。『レッド・ドラゴン』の殺人鬼フランシス・ダラハイドはウィリアム・ブレイクの「大いなる赤い龍と日をまとう女」に執着し、自分を「赤い龍」になぞらえて殺人をおかす。ハリスはもちろんブレイクを愛好しており、ダラハイドに単なる性的殺人者ではない崇高さをもたらすためにブレイクの絵を用いたのである。『羊たちの沈黙』に登場するバッファロー・ビルは女性の生皮を剝いで自分が着る「服」を作ろうとしている。それは実在の連続殺人鬼エド・ゲインからヒントを得たものだった(バッファロー・ビルが犠牲者を誘いこむ手口にはまた別の殺人鬼の手口が流用されている)。殺人の生々しさを保ちながら、同時に殺人鬼を単なる人殺しで終わらせず、歪んだ魅力を発散させる。それがハリスの最大の武器だった。もともとハリスはウィスコンシン州で事件記者をつとめていたが、その折りに取材した事件や凶悪犯のディテールが小説の中にさまざまに活かされている。レクター博士のモデルとなっているのも、メキシコで恋人の男性を殺害した医師だという。ハリスは犯人の柔らかな物腰に大いに感銘を受けた。

『羊たちの沈黙』ではレクター博士は教養あふれる知識人である。グレン・グールドの演奏する「ゴールトベルク変奏曲」を愛し、独房に自分で描いた絵を飾る。物腰は柔らかで、百科事典並の記憶を誇る。言葉巧みに周囲の人間をあやつり、自分の望みを叶えさせる。それはある意味ではトマス・ハリスの自画像でもあっただろう。そのこと自体は驚くべきことではない。フランシス・ダラハイドもウィル・グレアムもまたハリスの分身だったはずだ。殺人鬼に感情移入できることこそがハリスの強みだった。しかし『羊たちの沈黙』が予想外の大成功をおさめたとき、どこかでバランスが崩れてしまった。ハンニバル・レクターはアンソニー・ホプキンスそのものとなり、トマス・ハリスもそれに同化していたのだ。

一九九九年、十一年ぶりの続篇となった『ハンニバル』では、前作のラストで自由になったハンニバル・レクター博士はフィレンツェで悠々自適の暮らしをしている。歴史の都で美しい美術品と心地よい音楽に囲まれ、美食に舌鼓をうつ。一方で、かつてレクターの手によって不具になる大怪我を負わされた大富豪メイスン・ヴァージャーはレクターへの復讐を狙っていた。メイスンは銃撃戦で女性ギャングを射殺したことから窮地に陥ったクラリス・スターリングを囮につかってレクターをアメリカにおびき寄せようとする。はたしてレクター博士はクラリスを救い出せるのか？

シリーズ第三作ではついにクラリスは守られるべき乙女に、レクター博士は堂々たるヒーローに変じてしまった。今回も連続殺人鬼同士の対決という点は変わらないが、本来ならば主役となるべき法の番人の姿はどこにもない。クラリスはかよわい乙女であり、クローフォドは退職間近の老人である。レクター博士は「無礼な奴を食う」だけで、礼儀正しくすれば誰彼かまわず襲って食ったりはしない理解ある殺人者なのである。いわば、ちょっとしつけの厳しいおじさんのようなものだ。

本来、これが三部作として書かれるのであれば、最後にレクターと対決するのはウィル・グレアムであるべきだったろう（グレアムはメイスンのように顔に大怪我を負って再起不能となったのだから、なおさらである）。だが、物語は二大怪獣の決戦よろしく、悪のモンスターであるメイスンをダーク・ヒーロー、レクターが懲らしめる展開となる。過剰すぎる怪物描写は漫画的誇張として楽しめもするが、『羊たちの沈黙』のような緊密な構成は望めない。レクター博士に救い出されたクラリスが、二人で幸せに暮らすという結末にはいささか願望充足の臭いさえただよう。

不思議なのはこれがあきらかに自作小説ではなく、映画《羊たちの沈黙》の続篇となっていることだ。ハンニバル・レクターはアンソニー・ホプキンスの力を借りて、トマス・ハリスを乗っ取ってしまったのだ。レクター博士はサイコ・キラーの原型となり、以後多くの小説や映画に影響をおよぼしてゆく。ハリスはその後二〇〇六年に『ハンニバル・ライジング』という続篇を書いた。若き日のハンニバル・レクターと叔母「紫夫人」との交情を描く自慰的で弱々しい小説のあと、ハリスは沈黙を保っている。

【初出《ミステリマガジン》二〇一五年五月号】

マイクル・コナリー　Michael Connelly

評論

ポスト・ハードボイルド——「私」と正義と娯楽小説

小財 満（レビュアー）

マイクル・コナリー。九〇年代以降で最も重要な作家のひとりである。非常にザックリとした時代でくくるならば、この作家は私立探偵小説の終焉とともに現われた——ときにハードボイルド派の作家と目されるにもかかわらず。コナリーを語る際に欠かせないのがなんといっても互いにクロスオーバーしていく各シリーズの中心的存在であり最も個性的な主人公、ハリー（ヒエロニムス）・ボッシュである。

ボッシュはコナリーのデビュー作『ナイトホークス』（九二年、アメリカ探偵作家クラブ賞最優秀新人賞受賞）にてベトナム戦争帰りのハリウッド署殺人課刑事として登場した。当時のボッシュは戦争でトンネルネズミ（工作兵）として体験したPTSD的なトラウマを引きずる、影のある一匹狼の男だ。戦争帰りの男が主人公を務めるのはミッキー・スピレインの描いた第一次世界大戦帰りの私立探偵マイク・ハマー以来の、ハードボイルドの伝統でもある。付け加えておけばベトナム戦争帰りという設定は、映画《タクシードライバー》（七六年）、あるいは映画《ランボー》とその原作『一人だけの軍隊』（七二年）をはじめ、『長く冷たい秋』（九一年）から始まるサム・リーヴスのハードボイルド小説など珍しいものではない。ボッシュが登場した九二年は既にネオ・ハードボイルドを経て、たとえばエルロイの刑事ホプキンス、あるいはアンドリュー・ヴァクスの私立探偵バークなどいっそうエキセントリックな主人公たちが登場していたことを考えると、警察組織という体制側に属していることを除けば、一見非常に類型的でオーソドックスな主人公像――プロンジーニの〈名無しの男〉への先祖返りとしてのハードボイルド主人公だったように思えるものである。

だが一方で『ナイトホークス』からシリーズ第四作『ラスト・コヨーテ』までを読んでいくと、本シリーズが読み慣れたハードボイルドらしくは、決してないことに気づく。ロス・マクドナルドを経由した現代型ハードボイルド小説はインタビュー小説に喩えられるように、その主人公は事件の俯瞰者として関係者とのインタヴュアー／インタヴュイーの関係をもとに会話の中からその背景を炙りだす役割を担うが、ボッシュはインタヴュアーという第三者的な役割というよりも、正義を求める怒れる男として事件に積極的な介入を行なう。この背景を理解するためにはボッシュという主人公について、彼が登場する『ナイトホークス』までのプロフィールを理解しておく必要があるだろう。

ヒエロニムス・ボッシュ。この男は娼婦マージョリー・フィリップス・ロウの息子としてロサンゼルスで生まれた。その名はルネサンス期の幻想画家の名をとって母親が名付けたものである（一方、自身の説明ではアノニマス〈誰でもない、の意〉と韻を踏んだものとも）。十歳で養護施設に入れられ、十一歳のときには母親が何者かに殺害されハリウッドの路地で発見される。その後、養護施設と里親のあいだを転々とする幼少期を送る。里親のなかにはボッシュが左利きだったことに目をつけ、金のためにサウスポーの野球選手に仕立て上げようとした里親もいたという。十八歳のときに陸軍に入隊しベトナム戦争へ。従軍中はトンネルネズミ（工作兵）として穴の暗闇を見つめる過酷な経験をし、不眠症を患うなどそのトラウマの後遺症はあとを引いた。ベトナムからの米軍撤退に伴い除隊。この時期に不詳だった父親を捜し、死期間近のやり手の弁護士、J・マイクル・ハラーの息子だったことがわかる（のちに『リンカーン弁護士』以降で登場する別シリーズの主人公でマイクル・ハラーの息子、つまりボッシュの異母兄弟ミッキー・ハラーと和解）。父親が死んだ年にロサンゼルス市警に採用されることになる。五年ほどパトロール警官として勤務し、刑事に昇進。市警本部強盗殺人課殺人特別班で腕をならし、刑事ドラマのモデルになるなどマスコミにもてはやされることもあったが、妥協を許さず軋轢を厭わない一匹狼的な性格から内務監査課のアーヴィング副警視正から睨まれるなど市警内では浮いた存在になっていた（アーヴィングとの反目は『エコー・パーク』までシリーズを貫くテーマとなる）。「ドールメイカー事件」で犯人を追いつめるも武器を持っていると勘違いしたボッシュは無手の犯人を射殺。そのことで〝ロス市警〟の下水ことハリウッド署に左遷される。

ときに手段を選ばず、先走りを繰り返し組織に反発するボッシュを形づくっているのは怒りであった。母親の死、愛情の欠如、戦争の傷、そして自らが身を捧げたはずの警察組織の、自分への裏切り。その彼が相対する事件は、少なくとも第四作までは必然的にボッシュにパーソナルな関わりのある事件である。第一作『ナイトホークス』で捜査するのは戦友の死であり、第二作『ブラック・アイス』は麻薬にまつわる刑事殺し（警察組織内の内紛）。第三作は自らを今の境遇に貶めた「ドールメイカー事件」、第四作は休暇中に調査を始めた三十三年まえの己の母親の死である。戦争、警察組織との反発、

「ドールメイカー事件」、母親の死と、北上次郎氏が『ラスト・コヨーテ』解説にて喝破するように、ボッシュの物語は過去へ過去へと遡ることで彼のそれぞれの心の澱《おり》を解消し、ひとつの決着をつけることを原動力に物語は進んでいくのだ。第四作までのシリーズはいわばボッシュの私的な物語であって、チャンドラー的な「卑しい街をゆく高潔の騎士」の物語ではあれど、ロス・マクドナルド型のインタヴュー小説としてのハードボイルドではない。そのボッシュの私的な物語が魅力でもあったわけだが、トラウマとの対決というテーマゆえにボッシュの事件へののめり込み具合は、エルロイの〈ホプキンス〉シリーズを思わせるようにある意味ではノワールに近く、物語全体を陰鬱な方向へと導いていたことも事実だ。

このボッシュのトラウマとの対決を巡る物語が完結する『ラスト・コヨーテ』を書いたのち、コナリーは後にボッシュと競演することになる新聞記者ジャック・マカヴォイ、そしてFBI捜査官レイチェル・ウォリングを主人公にシリアルキラー「詩人」と対決するシリーズ外作品『ザ・ポエット』を書いている。この作品でコナリーは、デビュー作『ナイトホークス』を再構成したことで、プロット巧者として達人の域に到達した感がある――もちろん四作目までがプロットとして決して悪かったわけではないが。導入から前半にかけての単なるサイコ・サスペンスだったはずの物語が角度を変えて全く別の様相を顕にする急展開、綿密に練られた伏線の数々と、そしてその後の逆転に逆転を畳みかけ読者を飽きさせずに迎える衝撃のラスト、そして静かな余韻。あえてボッシュを主人公から外すことで、コナリーは自身が一流のエンターテイメント作家であることを証明したのだ。このエンターテイメント作家としてのプロット巧者という意味において、ジェフリー・ディーヴァーに比肩しうる作家はコナリーをおいて他にないと断言できる。

『ザ・ポエット』を経て明らかに一段洗練されたプロットを身につけたコナリーは、その後もクリント・イーストウッドの手で映画化された『わが心臓の痛み』などシリーズ外で本格ミステリと言えるほどに伏線と回収、意外性に重きをおいた作品を書いている(この作品の主人公テリー・マッケイレブはのちに『夜より暗き闇』でボッシュ、そして『ザ・ポエット』のジャック・マカヴォイと豪華競演)。

その後、〈ボッシュ〉シリーズは主人公が過剰な怒りと闘争心を制御する術を覚えていくにつれて、プロット的な巧緻性と、そしてロサンゼルスを描く都市小説としての側面も身につけ文学的円熟味を増していく。その最高傑作には、ロス暴動を背景に黒人の人権派弁護士殺人事件と過去の少女誘拐殺人事件を両輪として警察の腐敗が描かれる第六作『エンジェルズ・フライト(文庫化に際し『堕天使は地獄へ飛ぶ』から改題)』、あるいは虐待の末、殺害された二十年前の少年の骨の事件を追う正統派捜査小説でありボッシュの一大転機となる第八作『シティ・オブ・ボーンズ』のどちらかを選んでおきたい。

コナリーは自らの過去に決着をつけさせたボッシュを一度警察組織という抑圧から解放し、二作品の中で彼を私立探偵として過ごさせている。この時期のボッシュ・シリーズは様々な試みがなされている。私立探偵のボッシュを主人公に、そしてボッシュものとしては初の一人称小説としてハードボイルドの形式を強く意識した『暗く聖なる夜』。そして『天使と罪の街』においては『ザ・ポエット』のＦＢＩ捜査官レイチェル・ウォリングとボッシュを合流させ『わが心臓の痛み』の主人公テリー・マッケイレブの死、そして再び相まみえる「詩人」との対決を通し「善と悪」を色濃く描いた。特に『天使と罪の街』における「悪」に対して「善」が立ち向かうという姿勢（「卑しい街をゆく高潔の騎士」のモチーフというより、ローレンス・ブロックがシリーズ主人公マット・スカダーを自警団化させていく過程に近い）はコナリー自身の娘の出生により「世界と悪」に関する認識が大きく変わったからという理由だが、シリーズ主人公たるボッシュもまた、シリーズを通して家族を作ることになる――それはずいぶん歪な形ではあるけれども。

　ボッシュ自身は孤高ではあるけれども、人付き合いをしないわけではない。むしろプライベートの面では音楽（ジャズ）を愛し芸術を解するウィットに富む魅力的な男として描かれる（コナリーの言では容姿のモデルは映画《ブリット》に主演していたころのスティーブ・マックイーンとか）。第一作『ナイトホークス』で出会うことになる運命の女エレノア・ウィッシュ、『ブラック・アイス』の新人警官シルヴィア・ムーア、『ラスト・コヨーテ』の画家ジャスミンなど、浮き名は数多くあるが、いつも「心のなかに傷を抱え」「ひとつひとつの傷が謎をたたえている（『ブラック・アイス』）」類の、つまり自分と同類の女性と惹かれあうため、どの女性ともうまくいかない。そんなボッシュの決定的な出来事は、ある作品のラストにおいて自分に娘がいたことを知らされることだ。この出来事によってボッシュは娘のいるこの世界から悪をなくしていくことを決意し「悪」との対決姿勢を鮮明にしていく。シリーズ第十四作『ナイン・ドラゴンズ』においてはこれまでの謎解き小説から一変、娘を護るために香港マフィア三合会に立ち向かうアクション小説の主人公と化し、『判決破棄　リンカーン弁護士』においては父親として初めて接する娘との関係に煩悶する姿を見せる。コナリーはボッシュの物語は十二作で完結と謳っていたが、シリーズの既刊は既に十二作を超え未邦訳作品も含めると十八作を数える。ボッシュの娘が登場したことが作者の気を変え、シリーズを続けた原動力とみて間違いないだろう。

ボッシュの家族の話を続けるならば、第二作『ブラック・アイス』にて言及され、『リンカーン弁護士』で主人公として登場した異母兄弟ミッキー・ハラーもコナリーの世界に欠かせない存在だ。高級車のリンカーン・タウンカーの後部座席をオフィス代わりにする守銭奴の刑事弁護士であり、度々ボッシュと協力して裁判にあたる。コナリー作品は『エコー・パーク』以降、シリーズの主軸を失っていることもあり意外性はあるが職人芸的でシリーズ中期までの感動がないと謗りを受けることもあるが、ミッキー・ハラーが主人公を務めるシリーズは法廷サスペンスの枠内で毎回違う趣向が凝らされており（たとえば『判決破棄』ではハラーが弁護側ではなく検察側にまわる）コナリーの器用さが現われている一方、元妻や娘、そしてボッシュとの人間関係の妙が映える作品が多くコナリーの未読者にはこのシリーズから薦めたい。

コナリーとともに歳をとり佳境に入っていると思しきボッシュのシリーズの今後についてだが、今年発刊予定の最新作 *The Crossing* ではロス市警を引退するボッシュが主人公を務めることがわかっている（一方でミッキー・ハラーから再び協力を依頼され事件の調査を行なう設定）。ハードボイルドという枠ではすでに捉える必要のない全方位型のエンターテイメント作家として新たな試みを続けるコナリーだが、『リンカーン弁護士』の映画化に続きハリー・ボッシュのシリーズもドラマ化している（ただし時代の変遷にともないボッシュはベトナム戦争ではなく、アフガン帰りで9・11を経験しているという設定。シリーズ1は全十話。本国では二〇一五年二月から放映中）。まだまだコナリーの世界は広がっていきそうな気配だ。

【初出《ミステリマガジン》二〇一五年五月号】

評論

中近東のクリスティー

数藤康雄（評論家）

「考古学者というのは理想的な夫ですわ。だって奥さんが年をとればとるほど、高い値打ちをつけてくれますもの」

これはクリスティーが彼女の夫、サー・マックス・マローワンを評した言葉として、クリスティー・ファンの間にはよく知られているジョークである。もちろんクリスティーはこの言葉を否定し、これを創作した人物が名乗りをあげれば、すぐさま首をひねってやるといきまいていたようだが、これを読んで思わずニヤリとした読者が多かったに違いない。

ところでクリスティーは、『メソポタミヤの殺人』を始めとして、中近東を舞台にしたミステリをいくつか書きあげている。これらを年代順に記してみると、次のとおりである。

『メソポタミヤの殺人』(Murder in Mesopotamia 1936)
『ナイルに死す』(Death on the Nile 1937)
『死との約束』 (Appointment with Death 1938)
『死が最後にやってくる』(Death Comes as the End 1945)
『バグダッドの秘密』(They Came to Baghdad 1951)

このうち最初の三作品は、御存知エルキュール・ポアロが探偵役として登場する。ポアロは大へんなおしゃれで、いつもきちんとしていないと気がすまない。そのポアロが自慢の黒服やレザー靴を埃や砂でめちゃめちゃにされながらも、灼熱のエジプトや砂漠のメソポタミヤ地方に現われ、事件解決に努力するのである。

なぜクリスティーは、清潔好きのポアロをこの地方に登場させてまで、それらの作品を完成させたのであろうか。

また四番目の作品は、紀元前二千年のエジプトを舞台にした異色のミステリである。

大昔のエジプトを舞台にしたため、登場人物の名前をどうするか、彼らがどのような食事をしたかなど確かめるだけでもぼう大な時間を必要としたらしい。事実クリスティーは、書きあげるのにもっとも苦心した作品であると述懐している。なぜそうまでして、クリスティーは中近東を舞台背景にとり入れたのであろうか。

答えは極めて単純明快である。クリスティーの夫、マックス・マローワンがオリエント専門の考古学者であり、また彼女自身、メソポタミヤ地方の人々、風土をこよなく愛していたからだ。

この解説ではクリスティーと考古学の関係を簡単に紹介してみよう。

クリスティーは一八九〇年、イギリスのトーケイに生まれた（従来の解説では、そのほとんどが一八九一年ないしは、一八九〇年代生まれとしているが、最近それが誤りであることがわかった）。そして一九一四年にはアーチボルド・クリスティーと結婚したが、当時のマスコミを大騒ぎさせた有名な失踪事件（一九二六年）の二年後に離婚。その後、気分転換をはかるためか、ヨーロッパや中近東の各地を旅行し、その頃レオナルド・ウーリーのもとでメソポタミヤ、ウルの発掘に従事していた若き考古学者、マローワンと知りあった。

元来クリスティーには放浪癖があったらしく、旅行好きといわれているが、離婚以前よりオリエント地方に愛着をもっていたかという点になると、疑問がないわけではない。というのは、クリスティーの初期の短篇に、ポアロがエジプトへ旅行する話がある（「エジプト墳墓の謎」、これは『ポアロ登場』に収録されている）。が、ここでのポアロは、暑さのために髭が垂れてしまうといっては嘆き、棕櫚の木が無秩序に植えられているといってはケチをつけ、あげくのはてにはラクダに乗って悲鳴をあげ、ロバへ乗り換える始末なのである。

それがどうであろう。『メソポタミヤの殺人』において、ポアロは砂漠の中のキャンプ地まで出向いて行くにもかかわらず、愚痴一つこぼさないのだ。この豹変ぶりを考えると、クリスティー自身も、作家になりたての頃はオリエント地方をそれほど好きではなかった、と推理できるからである。

しかしいずれにしても、マローワンと巡り合ったことが、クリスティーの後半の人生を幸福なものにしたのであろう。彼らは一九三〇年の九月に結婚した。時にクリスティーは四十歳、マローワンは彼女より十四歳も年下であった。当時のクリスティーが、如何に若わかしい気持の持主だったかを知るよい証拠であろう。

そして二人の間をとりもち、月下氷人的な役割を演じたのが発掘隊を指揮していたウーリー卿夫妻であったらしい。なぜなら、一九三二年に出版した『火曜クラブ』に、クリスティーは「レオナルドとカサリン・ウーリーに」という献辞を捧げて、二人に対して感謝の意を表わしているからだ。

結婚後のクリスティーは夫とともに、一年の半分以上も発掘現場に滞在することが多くなった。しかしクリスティー自身は、かえって砂漠の中に一人でいるほうが、煩わしくなくて執筆がすすむと喜んでいた。一九三〇年から四〇年にかけては、その効用によるのであろうか、彼女は年に二、三冊のペースで作品を発表しており、前記リストの三作品は、いずれも三〇年代後半に出版されている。

ところで、その当時のメソポタミヤ地方におけるクリスティーの生活は、どのようなものであったのだろうか。この疑問は、クリスティー・ファンでなくとも、大いに興味をそそられる点であろう。事実、彼女が夫の発掘調査の手伝いを始めて以来、多くの人から「そこでは、どんな生活をしているの？　テントの中の生活？　ねえ、教えて」と、たびたび質問されたらしい。

その疑問に対する答えが、彼女の書いた唯一のノンフィクション『さあ、あなたの暮らしぶりを話して』（一九四六）である。クリスティーはその本の中で、キャンプにおける彼ら自身の生活やChagar Bazar（シリア）の発掘を通して接した、その地方の人々の生活をユーモラスに描写しており、この穏やかで肥沃な土地と、陽気なまけ者だが、礼儀正しさとユーモアのセンスを持つこの地の素朴な人々を、クリスティーがいかに愛していたかよく理解できる。クリスティーの人生において、もっとも楽しく、もっとも充実した時期であったようだ。

やがて第二次大戦が勃発した。このためマローワン夫妻はロンドンに舞い戻ったが、戦後の混乱がおさまるとともに、再びメソポタミヤ地方に出向いていった。今回は、ロンドン大学の教授となったマローワンがニムロド発掘の指揮をとるためであった。

当時（一九五七年）のメソポタミヤ地方には、各国から発掘調査隊が派遣されていた。もちろん日本も、東大の江上波夫教授を隊長とした調査隊が、北メソポタミヤのテルエルサラートの発掘調査に従事しており、ニムロドにいたイギリス隊と、国際親善や情報交換を目的として、互いに交流しあっていた。いささか長いが、江上教授がイギリス隊を訪問した際の印象記（《世界》一九五八・一月号）を抜粋してみよう。

「団長のマローワン教授も、アガサ・クリスティーの筆名で世界的に著名な探偵小説家である夫人を同伴、他にもう一組の夫妻がおり、独身の婦人も参加していて、男女の比率がほぼ相半ばする、にぎやかなチームであった。

われわれはマローワン教授の招待で、一日ゆっくりとニムロドの遺跡を見学し、本部のサロンで昼食を御馳走になって、イギリス調査団の家庭的な賑かな雰囲気に接し、ピクニックに行ったような気分になった。本部の建物は戦後に建てられたものであるが、応接間兼食堂のサロン、研究室、発掘物貯蔵室、暗室、厨房などからなっていて、各人の個室は本部前にならんだテントであった。サロンには派手な色彩と奔放なデザインの刺繍のある、南イラン産の毛布が敷かれ、非常に明るい感じであり、そこには沢山の小説本やマローワン夫人手すさびの日本の箱庭が置かれてあった。

それはまさに家庭的なだんらんの場であり、また英米人好みの異国情緒の横溢したものであった」

やがてこの発掘調査の結果は、*Nimrud and Its Remains* と題してまとめられ、一九六七年に出版された。その時にはすでにオックスフォード大学の教授になっていたマローワンは、この業績により、ナイトに叙せられた。先に記したクリスティーの『さあ、あなたの暮らしぶりを話して』には、マローワン教授への献辞がみられるが、この本は、逆に、妻アガサに献辞されており、二人の仲の睦まじさを容易にうかがい知ることができよう。

一九七二年の夏、ぼくは幸運にも、マローワン夫妻の別荘に招待された。その当時、すでにクリスティーはリウマチがかなり悪く、歩くことに苦労していたが、それを気づかい、いたわるマローワン卿の自然な言動に、ぼくは何とも言えない温かみを感じたのである。

【初出『メソポタミヤの殺人』ハヤカワ・ミステリ文庫。書名等の情報は更新。】

【文中で取り上げられた作品は、すべてクリスティー文庫刊】

評論

言葉の女王
――アガサ・クリスティー

若島 正
（小説研究家）

むかしむかし、英語で小説を読みはじめた頃の話である。英書の読み方を指南した本に、「どんな外国語でも、その言語で三〇〇〇ページ読めば、どんなものでも読めるようになる」ということが書いてあって、初心者のわたしは、なるほどそういうものかと信じてしまった。その手をさっそく拝借するとして、まず思いついたのが、クリスティーを読むことだった。なにしろ、クリスティーの英語はやさしいことで定評がある。それに、クリスティーだったらどの本も一〇〇ページ足らず。つまり、クリスティーを十五冊から二十冊読めば、いちおう英語はどんなものでも読めるようになる、ということだ。そして実際に、その頃わたしはクリスティーを集中的に読んだ。たしかに英語じたいはやさしいので、三十冊くらい読んだと思う。有名どころはあらかた読んだ。それでいったんクリスティーは卒業ということになった。クリスティーに再会したのは、それからずいぶん経ってからのことである。

そのときに読んだなかで、いちばんのお気に入りはマープル物の『動く指』(*The Moving Finger*)だった。ミステリの部分とはまったく関係なく、一人称の語り手である元軍人が、それまでなんとも思っていなかった、特に美人でもなんでもない女性に突然恋をしてしまい、あれよあれよというまに結婚してしまう、そのくだりが目から鱗が落ちるほどあざやかだったのだ。どうもあの頃はミステリとしてクリスティーを読んでいなかったような気がするが、本当だから仕方がない。

今あの頃をふりかえってみると、三十冊ほど読んであまり印象に残らなかったのは、やむをえないことなのかもしれないと思う。というのも、クリスティーはやさしいがゆえに手ごわいという、想像以上に厄介な相手だからである。英書を読む初心者にとって、クリスティーがやさしいことはわかっても、その手ごわさは見えない。わたしたちは、やさしい文章を前にすると、ついつい警戒心を解いてしまうものである。実は、そこがクリスティーのつけこむところなのだ。読者がぼんやりしているあいだに、クリスティーはこっそりと手練手管の技巧を発揮する。それが「ミステリの女王」と呼ばれる彼女の本領なのだ。

そのあたりをいちばんよくわかっていたのは、本職では英文学の教授だったマイクル・イネスではなかったかと思う。イネスは、本名のJ・I・M・スチュアート名義で一九八七年に出した回想記『私とマイクル・イネス』(*Myself and Michael Innes*)の中で、探偵小説に関する短い章を書き、そこでクリスティーを取り上げた。イネスの論点はこうである。つまり、探偵小説の始まりでは、ドイルのホームズ物に見られるように、手がかりは「物」であった。それが、探偵小説が進化するにつれて、手がかりを目立たないように提示する技術が向上してきた。その頂点にいるのがクリスティーだというのである。言い換えれば、クリスティーが用いる手がかりは「言葉」であり、ほんのちょっとした言葉に大きな手がかりがひそんでいることがよくあるのだ。それは本の題名に仕掛けられることとすらある。「クリスティーは、必要とあれば、言葉という媒体を驚くほどあざやかで巧妙に用いている」とイネスは言う。このイネスの評言を、すべてのクリスティー読者は頭の片隅に置いておく必要があるだろう。ここでは、そういう「言葉」に注目する視点から、『アクロイド殺し』(一九二六年)、『オリエント急行の殺人』(一九三四年)、『そして誰もいなくなった』(一九三九年)という、クリスティーで最もよく知られた三作品について、簡単に眺めておくことにしよう。

『アクロイド殺し』は、まさしく語り方そのものがトリックを構成しているような作品である。そこには、物理的なトリックがまったくないわけでもない。しかしその物理的トリックそのものも、実は人間の発話行為と結びついていて、そこを読むときに読者が感じる（かもしれない）微妙な違和感を巧みに利用している点に注意すべきだろう。つまり、『アクロイド殺し』はそういう意味で、物理的トリックにいたるまで、あらゆるレベルで言葉が問題になっている。

『アクロイド殺し』では、言葉の問題は煎じ詰めれば、一人称の語り手の問題になる。『アクロイド殺し』がはたしてフェアかアンフェアかという議論の的になったのも、まさしくそこが問題だった。日本の探偵小説批評用語で言えば「叙述トリック」という、その線をさらに進めたように思えるのが、従来からサスペンス小説のような扱いを受けてきた『そして誰もいなくなった』である。孤島に呼び寄せられた十人の男女が次々と殺されていき、しまいには誰もいなくなるという、設定的には「不可能犯罪」のように見えるこの物語は、その不可能を可能にしたトリックを明かしてしまえば、実に他愛のないものであり、極上のサスペンス小説として読まれてきたその背景には、そうした謎解きの弱さがあったのではないかと邪推したくなる。しかし、クリスティーはここで、客観的な真実のみを語っているはずの三人称の語りにも、読者の誤読を誘うような、巧妙な記述を忍び込ませている。それは主に、登場人物たちの心理描写である。登場人物たち全員の心理が透けて見えていて、もしその中に犯人が紛れ込んでいるとすれば、犯人の心の中まで見えているのに読者はその人物が犯人だとは気づかないという事態が生じていることになる。それを可能にするのが、読者を欺くクリスティーの巧みな記述＝奇術なのである。『そして誰もいなくなった』で起こっていることは、外面的な不可能犯罪とは別に、一見何も怪しいところはなさそうな導入部にまで仕掛けられた、不可能を可能にする作者の叙述トリックなのだ。

『オリエント急行の殺人』は、国際寝台車という一種の密室の中で起こる殺人をめぐって、男でもあり女でもあり、右利きでもあり左利きでもあるという、キマイラのような犯人像という謎が提示される作品としてよく知られている。ここでも、興味の中心は物理的トリックにあるのではない。この国際寝台車に乗り合わせ、殺人の容疑者として名前が挙げられている乗客たちは、アメリカ人三人、イギリス人三人、ハンガリー人二人、そしてイタリア人、ドイツ人、スウェーデン人、ロシア人がそれぞれ一人ずつの、計十二人。こうした国際色豊かな登場人物たちは、この小説に華やかな彩りを添えるとともに、それだけにはとどまらない、重要なテーマを提供している。つまり、『オリエント急行の殺人』の中心になるのは、彼らが用いる言語なのである。そこでは、英語、アメリカ英語、フランス語、ロシア語といった言語が、謎を解く手がかりになる。さらにもう一点、指摘しておきたいのは、この小説が（『アクロイド殺し』もそうだったが）ジャンルの約束事を破っているところである。見知らぬ他人ばかりがある一つの場所に集まって、しばらくそこでともに時間を過ごし、運命を交差させることになるという物語の形式は、『オリエント急行の殺人』出版の少し前にあたる一九三二年に公開された映画《グランド・ホテル》（グレタ・ガルボが出ていたやつです）以降、いわゆる「グランド・ホテル」物と呼ばれるようになった。これを鉄道旅行に応用したイギリス映画《ローマ急行》も一九三三年に出ている。言い換えれば、そのような時代背景から、『オリエント急行の殺人』を読む読者は、これがグランド・ホテル物に属するものだと思い込んでしまう。実は、そこがクリスティーの思うつぼであり、この一生に一度しか使えないと言われる奇想天外なトリックは、ジャンルの前提に仕掛けられていたことになる。そして繰り返すが、それは物理的なトリックとはまったく異なる種類のものである。

このように、クリスティーが古典的探偵小説の黄金時代に達成したものは、あくまでも言葉でできた世界、本の中だけに存在する世界であった。まるで小説に出てくるような話だ、というような言い方は、しばしばクリスティーの作品中に見出せる。そういう箇所を読者がユーモアとして受け取るのは、クリスティーの世界がまさしく本の中だけにしか存在しない世界であり、それを楽しむのがクリスティーの楽しみ方であることを知っているからだ。よく平板で紋切り型だとして批判されるクリスティーの人物造形も、そこでは問題にならない。彼らは血肉でできているのではなく、言葉でできているからだ。

これを現代の目で見直せば、クリスティーの小説は「ポストモダン」だという言い方も可能である。実際に、そういう観点から、イギリス現代作家のギルバート・アデアは、クリスティーへのオマージュとして、エヴァドネ・マウントという女性探偵小説家が探偵役を演じる三部作を書き、『人生使用法』で知られるフランスのジョルジュ・ペレックは、『そして誰もいなくなった』を下敷きにした、『「五十三日間」』という究極のメタ・ミステリを書いている途中で亡くなった。言葉を読む楽しさをよりどころにしたクリスティーの作品群は、今なお再読が可能なのである。

(本稿は、二篇の拙論「明るい部屋の秘密」【『乱視読者の帰還』に収録】および「推理小説の愉しみ」【柴田元幸・沼野充義・野崎歓編『文学の愉しみ』に収録】を元に再構成したものである。くわしくはそちらをお読みいただきたい。)

評論

塔の中の姫君

瀬戸川猛資（評論家）

P・D・ジェイムズが長篇『女の顔を覆え』でデビューしたのは、一九六二年である。それから今年（一九八六年）までの二十四年間に彼女が発表したミステリは、長篇がわずかに九冊、短篇集は一冊もない。二年半に一冊の超スローペースであり、第一線のイギリス女流ミステリ作家の中で最高の寡作ぶりといえるだろう。

たとえば、ジェイムズが敬愛する女流巨匠のドロシイ・L・セイヤーズは、一九二三年に『ピーター卿乗り出す』でデビュー後の二十四年間に、十六冊の長篇、三冊の短篇集を発表している。マージェリー・アリンガムは十八冊、ルース・レンデルはデビュー後まだ二十年しか経っていないが既に二十五冊の長篇を書きまくっており、アガサ・クリスティーとなると、長篇だけでなんと六十六冊、短篇集が十六冊、ロマンス小説の長篇が六冊、戯曲を八本書いているという迫力である。女流作家には多作、速筆が多いのだ。ジェイムズの異常ともいえる遅筆ぶりがわかるだろう。

同じくイギリスのミステリ作家で、ジェイムズとほぼ同じ時期にデビューし、その後の二十四年間にやはり長篇を九冊しか書かず、短篇集を一冊も出さなかった作家が二人いる。一人は一九六一年に『ちがった空』でデビューしたギャビン・ライアル、もう一人は一九六一年に『死者にかかってきた電話』で登場したジョン・ル・カレである。ジェイムズを加えたこの三人は〝英国遅筆御三家〟とでも呼ぶべき寡作トリオなのだが、にもかかわらず、三人とも熱烈なファンを持ち、新作を発表するたびに話題をまいている。三年に一度ぐらいしか小説を書かないのに、これほどの人気を誇っているとは、考えてみれば、大変なことではないか。

で、わたしがいいたいのは、こういう大寡作家の作品は、一挙にまとめて読んでしまえ、ということだ。クリスティーやシムノンの全作品を読むとなると数年がかりの計画が必要になるが、〝御三家〟ならば一冊に三日かけるとしても二十七日か三十日、一カ月あれば全作が読めてしまう。作家としての二十四年間の軌跡も一望できる。〝全冊読破〟と人にいえば、それなりに大きな顔もできるのである。そんなことは読者のほうでも百も承知とみえて、「ギャビン・ライアルは全部読んでるよ」「ル・カレもひと通り読んでます」というミステリ・ファンは実際に沢山いるのだ。

ところが、「P・D・ジェイムズ、全部読みました」などという人は見かけたことがない。腹立たしいことである。さらに腹立たしいのは、一九七二年の『女には向かない職業』だけは不思議なほどよく読まれており、しかも「とてもおもしろい女私立探偵物」として好評を博していることである。

ジェイムズの他のミステリを読まずに、軽々しくそういうことをいってほしくないね。『女には向かない職業』は、なるほどすばらしい長篇である。が、その本当のすばらしさは、他のジェイムズ・ミステリを知って初めて語る権利を持つものなのだ。

では、『女には向かない職業』にふれるまえに、ごく私的で簡略なP・D・ジェイムズ読書ガイドを掲げておく。

①『女の顔を覆え』（一九六二）
一作だけを選べというならば、大いに迷うけれども、これをあげたい。処女作にはその作家のすべてがあるというが、その通りの傑作である。〝生まれながらの被害者〟像の強烈さと伏線の妙。六〇年代に書かれた本格ミステリ中、最高級のものだろう。これを読んでつまらなければ、あとは何を読んでもつまらないから、読まないほうが賢明。

②『ある殺意』(一九六三)
初めての病院物。が、出来ばえはいちばん悪く、凡作の部類。殺人現場の描写が、やたらに生々しかったことのみ印象的。

③『不自然な死体』(一九六七)
別荘地で推理作家が殺され、友人の純文学作家やロマンス作家がゾロゾロ登場して謎解きを繰り広げる、というジェイムズ・ミステリとも思えぬ設定。古典パターンに彼女なりの挑戦をした異色篇だが、初読者には奨められない。

④『ナイチンゲールの屍衣』(一九七一)
CWA賞を受賞し、ジェイムズの名を天下に知らしめた大作。大病院で起こる陰湿な連続殺人は、恐怖小説も顔負けの迫力、ディクスン・カーの怪奇趣味などお笑いに見えてくる不気味さである。最高傑作の呼び声が高いが、動機がいささか通俗的で、最近はそれほどとも思えなくなってきている。

⑤『黒い塔』(一九七五)
長すぎて評判が悪いが、気に入っている長篇。不気味な伝説の塔とかルルドの泉信仰などの中世趣味で飾り立てておいて、実は——という構想がにくい。ラストのアクションもよし。ドーセット海岸の描写も楽しめる。

⑥『わが職業は死』（一九七七）
一、二を争う秀作。ミステリに仕立てるにはもったいないぐらいの濃密なドラマで、犯人像も永く記憶に残る。しかし、法医学の世界が舞台で、病院以上に暗い。こんなにも重々しいエンタテインメントというのは、ちょっとなあ……と奨めるのをためらってしまう長篇。

ざっとこんなところだが、『女には向かない職業』は、このうちの二冊以上を読んでから手にとってもらいたい。

前出した六つの長篇には、すべてロンドン警視庁のアダム・ダルグリッシュ警視（初めは警部で登場、のち警視長に昇進）が登場する。そして、二十二歳の女私立探偵コーデリア・グレイを主人公にした『女には向かない職業』も、実はダルグリッシュ物のひとつなのである。

物語は、コーデリアの相棒の探偵事務所所長バーニイ・プライドが、不治の病を苦にするあまり、手首を切って自殺するところから始まるのだが、この死んだバーニイという人物が元警察官で、ダルグリッシュの部下なのだ。彼はダルグリッシュを崇拝し、常日頃からその捜査ぶりのすばらしさをコーデリアに話して聞かせている。バーニイの死後、コーデリアが代わって探偵事務所を経営することになり、持ちこまれた事件の捜査を開始するのだが、その捜査方法は、バーニイを通じて教えられたダルグリッシュの方法である。つまり、コーデリアは、ダルグリッシュの間接的な弟子ということになる。コーデリアは事件を解決し、ある事情によりその隠蔽工作をはかる。ところが、そこで〝影の主役〟ダルグリッシュが登場するのだ。このラストの師匠と弟子の対決、とくにコーデリアが死んだバーニイを想い、泣きながらダルグリッシュをなじる下りは感動的である。訳者の小泉喜美子はあとがきで、

《訳していて思わずほろりとさせられてしまいました。ミステリを読んでいてそんなふうになるなんて、めったにないことです》

と書いているが、こちらはほろりどころではない。何度読んでも、涙、涙あるのみである。こういうミステリは、確かに他にない。

同様な感動を覚えた人は他にも沢山いたらしく、『女には向かない職業』はヒット作となり、コーデリアは大人気を博し十年後にはついに『皮膚の下の頭蓋骨』（一九八二）で完全な主役として再登場させるに至ったのである。

コーデリアの、どこがそんなにも魅力的なのだろうか？

彼女には謎めいた部分がある。その奇怪な生い立ちである。コーデリアの父親がどう

いう人物かご存じかな？

《「お父さんは何をしていらしたのですか」

「旅まわりのマルキシスト詩人、そしてアマチュア革命家でした」》

というセリフが『女には向かない職業』の中に出てくるけれども、要するに共産主義者である。名前はレッドヴァース・グレイ。

これは珍しい。英国ミステリと共産主義は昔から仇同士みたいなもので、『共産主義者の犯罪』というブラウン神父物の一篇を書いたチェスタトンから、『ナイルに死す』で左翼的言辞を弄する青年を徹底して怪しく薄汚く描いたクリスティー、「共産主義討つべし」といわんばかりの作品を発表してきたフレデリック・フォーサイスやデズモンド・バグリイまで、〝アカ嫌い〟にはこと欠かないのだ。

しかも、コーデリアはこの父と一緒に養母が次々に替わる幼年時代を過ごし、いったんは修道院に入って教育を受けたものの、また父と一緒になって同志たちの料理女や掃除婦や連絡役をつとめたという。革命を目指す、完全なプロレタリアートではないか。

とても《けなげでかわいい二十二歳の女性》（『女には向かない職業』の訳者あとがき）と同一人物とは思えない。このような前歴を持つ女性が、どうして、あれほど優雅に、美しく、誇り高く、魅力的になれるのだろうか。

コーデリアという名前だって不思議である。コーデリアといえば、誰だってシェイクスピアの悲劇『リア王』に登場する心優しく気高い三番目の王女を想い起こす。革命を目指す共産主義者が、自分の娘にこんな名前をつけるだろうか。

以下は、わたしの臆測である。

『女には向かない職業』にも『皮膚の下の頭蓋骨』にもコーデリアの生みの母親の名は一度も出てこない。この実の母こそが、すべての謎を解く鍵なのだ。

彼女は、実は貴族の血筋、あるいは王家の血筋につながる高貴な身分の女性なのである。それが、共産主義者のレッドヴァース・グレイと結ばれ、一子コーデリアを生んだ。バカバカしいといわれるか？

計算によれば、コーデリアは一九四九年生まれである。グレイと件の女性が知り合ったのは、一九四五年から四八年、第二次大戦後すぐのことだろう。ジョージ・オーウェルは、一九四五年発表の評論『ナショナリズムについて』の中で、当時のイギリスの状況を次のように述べている。

《言うまでもなく、インテリのあいだで圧倒的な型のナショナリズムは共産主義なのだ。ただし、ここで共産主義者というのは、共産党員だけでなく一般にその同調者および親ソ派をふくめた大ざっぱな意味で言っているのであって、（中略）こういう人びと

が今日の英国にたくさんいることは明白で、その直接間接の影響はきわめて大きい》(小野寺健訳)

インテリが共産主義に走った時代だったのだから、王族や貴族の娘が共産主義者と結びついて勘当になっても、不思議はないのだ。

つまり、コーデリアは、世が世ならば王女であり、姫君である身分の女性である。だからこそコーデリアという名がつけられたのだし、美しく、知的で、気品があり、誇り高いのである。だからこそ、『皮膚の下の頭蓋骨』には、孤島の古城が出てくるのである。たとえば、クライマックスの、次のようなすばらしい場面。〝悪魔の湯沸し〟からずぶ濡れになって脱出したコーデリアが、島を見るくだりである。

《彼女は苦労してまっすぐ起き直り、島のほうをみつめた。もはや灯はすべて消し、巨岩のように黒々とそびえ立つ城を。そのとき、月が雲間から姿を現し、城はにわかに魔法のごとく輝いた。煉瓦の一つ一つがはっきりと、しかも夢のごとく望まれ、塔はまるで銀色の幻影のようだった》

編中、この文章中の塔を、コーデリアが探検する下りがある。また、『女には向かない職業』では、井戸の中に落とされたコーデリアが、上へ向って一歩ずつよじのぼってゆくサスペンスがクライマックスとなっている。完全に〝幽閉された塔の中の姫君〟のイメージであり、英国伝統のゴシック・ロマンス、さらにはアーサー王伝説にも連なるロマンティシズムの香気が感じられる。
高貴にして優雅、美しのコーデリア姫探偵譚を、しもじもの、とくにアメリカあたりの野蛮な女私立探偵物と比較しないでもらいたいのである。

【初出『ミステリ・ハンドブック』一九九一年九月刊】

【文中で取り上げられた作品は、すべてハヤカワ・ミステリ文庫刊】

おわりに

早川書房創立70年。ハヤカワ・ミステリ文庫が創刊してもうすぐ40年――

「ミステリ」という呼称のもと数々の翻訳作品を刊行してきました。読者のみなさまがこの長きにわたりご愛読くださったことを編集部一同感謝しています。いままでの読者のみなさま、そして、いまから読者になってくださるみなさまに今後も支持していただけるよう、これからも海外ミステリという世界を真摯に紹介してまいります。

本書の「海外ミステリ・ブックガイド100」は、《ミステリマガジン》二〇一五年五月号・七月号の座談会企画〈『新ミステリ・ハンドブック』を作ろう!〉で出席者の方々に挙げていただいた作品をベースに、編集部が討議のうえ新たな作品を加え、100冊としたものです。座談会で数多くの作品を挙げてくださった、小山正氏、上條ひろみ氏、杉江松恋氏、宮脇孝雄氏に深く感謝申し上げます。

(早川書房編集部)

女には向かない職業

An Unsuitable Job for a Woman

P・D・ジェイムズ

小泉喜美子訳

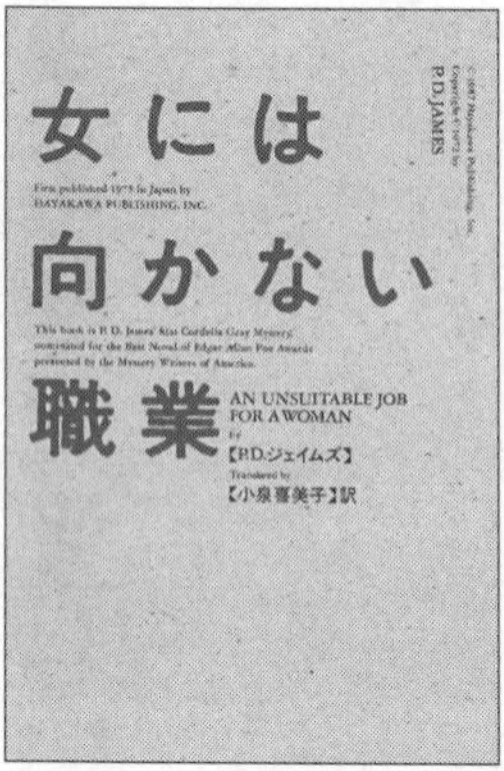

探偵稼業は女には向かない——誰もが言ったがコーデリアの決意は固かった。最初の依頼は、突然大学を中退して命を断った青年の自殺の理由を調べるというものだった。初仕事向きの穏やかな事件に見えたが……可憐な女探偵コーデリア・グレイ登場。第一人者が、新米探偵のひたむきな活躍を描く。解説／瀬戸川猛資

ハヤカワ文庫

時の娘

The Daughter of Time

ジョセフィン・テイ
小泉喜美子訳

英国史上最も悪名高い王、リチャード三世――彼は本当に残虐非道を尽した悪人だったのか？ 退屈な入院生活を送るグラント警部はつれづれなるままに歴史書をひもとき、純粋に文献のみからリチャード王の素顔を推理する。安楽椅子探偵ならぬベッド探偵登場！ 探偵小説史上に燦然と輝く歴史ミステリ不朽の名作

静寂の叫び（上・下）

A Maiden's Grave
ジェフリー・ディーヴァー
飛田野裕子訳

聾学校の生徒と教員を乗せたスクールバスが、三人の脱獄囚に乗っ取られた。廃屋同然の工場にたて籠もった犯人側と、FBI危機管理チームのポターは交渉に臨むが、生徒の一人が凶弾に倒れてしまう。最悪の事態を回避すべく、ポターは一縷の望みをかけて再交渉に！　話題独占の作家の最高傑作。解説／茶木則雄

ハヤカワ文庫

幻の女

Phantom Lady

ウイリアム・アイリッシュ

稲葉明雄訳

〝夜は若く、彼も若かったが、夜の空気は甘いのに、彼の気分は苦かった〟暗いムードを湛えた発端……そして街をさまよったあと帰宅した彼を待ちうけていたのは、絞殺され、無惨に変わり果てた妻の姿だった。強烈なスリル、異常なサスペンスを展開し、探偵小説の新しい型を創り出したアイリッシュの最高傑作！

7人目の子（上・下）

Det syvende barn

エーリク・ヴァレア

長谷川 圭訳

〔**「ガラスの鍵」賞受賞作**〕誰かぼくたちをもらってくれますか？　児童養護院の一室で撮られた7人の幼子の写真。それが載った古い記事とベビーソックスの入った封筒がデンマーク国務省に届き、省の長官は怖れを抱く。彼自身、養護院の秘密を隠しており……北欧最高のミステリ賞を受賞した心揺さぶるサスペンス

ハヤカワ文庫

HM=Hayakawa Mystery
SF=Science Fiction
JA=Japanese Author
NV=Novel
NF=Nonfiction
FT=Fantasy

海外《かいがい》ミステリ・ハンドブック

〈HM⑯⑦-4〉

二〇一五年八月二十日　印刷
二〇一五年八月二十五日　発行
（定価はカバーに表示してあります）

編者　早《はや》川《かわ》書《しょ》房《ぼう》編《へん》集《しゅう》部《ぶ》
発行者　早川　浩
印刷者　草刈龍平
発行所　株式会社　早川書房
郵便番号　一〇一 - 〇〇四六
東京都千代田区神田多町二ノ二
電話　〇三 - 三二五二 - 三一一一（大代表）
振替　〇〇一六〇 - 三 - 四七七九九
http://www.hayakawa-online.co.jp

乱丁・落丁本は小社制作部宛お送り下さい。
送料小社負担にてお取りかえいたします。

印刷・中央精版印刷株式会社　製本・株式会社川島製本所
Printed and bound in Japan
ISBN978-4-15-078504-8 C0195

本書は活字が大きく読みやすい〈トールサイズ〉です。